Lean Startup

Cómo trabajar de manera más inteligente y no más duro mientras se innova más rápido y se satisface a los clientes

Indice

Introducción

Los siguientes capítulos analizarán cómo usar la metodología Lean Startup para optimizar su negocio y aumentar sus ganancias. Lean Startup es una idea que tiene solo unos pocos años, pero ha estado generando grandes cambios en la forma en que el mundo de los negocios, especialmente las nuevas empresas, implementan y hacen crecer sus negocios. Piense en lo que sentiría si usted estuviera seguro de que su producto funcionará bien y obtendrá un montón de beneficios antes de que llegue a los estantes. Lean Startup puede proporcionarle la metodología para que esto suceda.

Esta guía analiza a fondo el Lean Startup y explica por qué es una herramienta increíble para su negocio. Desde la comprensión de los principios que vienen con Lean Startup hasta el trabajo en su producto, desde la concepción de una idea hasta la producción de un producto terminado, usted encontrará todas las técnicas y respuestas que necesita para hacer que Lean Startup funcione para usted.

Si usted tiene una gran idea que desea utilizar en su negocio o se está preparando para comenzar su empresa, querrá eliminar toda la incertidumbre presente en el mercado como pueda. Asegúrese de prestar mucha atención al contenido de esta guía para obtener más información acerca de Lean Startup.

Capítulo 1: ¿Qué es Lean Startup?

Lean Startup se trata de construir su negocio desde cero, con énfasis en afinar una serie de aspectos diferentes para crear mucho valor desde el principio, mientras reduce considerablemente la cantidad de desperdicios que se generarán.

Esencialmente, Lean Startup implica tratar de hacer todo lo posible para evitar la sobreproducción, y esto puede ser bastante difícil de determinar con precisión en las etapas iniciales. Su objetivo es eliminar la mayor cantidad posible de desperdicios del flujo de trabajo de la empresa, asegurando que esos procesos inútiles nunca comiencen a manifestarse en primer lugar.

Lean Startup es bastante diferente del plan de negocios tradicional en algunas formas clave. En primer lugar, tiene un enfoque diferente y diferentes demandas. El plan de negocios Lean Startup se enfoca principalmente en hacer cambios incrementales a un producto o compañía para satisfacer mejor las demandas de los consumidores. Mientras tanto, el plan de negocios tradicional podría poner poco o ningún énfasis en las demandas iniciales de los consumidores. En cambio, a menudo lanza al mercado un producto completamente desarrollado y, a partir de ahí, reacciona en función del desempeño del mercado del producto.

Si esto parece un desperdicio a primera vista, es porque lo es. Se necesita una cantidad inmensa de capital para comenzar a lanzar productos totalmente desarrollados y competitivos en el mercado, comercializarlos según sea necesario y luego intentar obtener algún tipo de declaración de mercado significativa. Es por esto que las empresas de nueva creación tienden a ser una gran fuente de dinero y un gran riesgo de capital. Lean Startup apunta específicamente a reducir el riesgo de capital y el desperdicio de recursos para facilitarle a su bolsillo el proceso de iniciar una empresa.

El simple hecho es que tener una Startup es increíblemente difícil. La mayoría de las veces, como Startup, usted no tiene el poder del capital que le permitiría anclar el destino de toda su empresa en el éxito de un solo producto. La metodología Lean Startup podría ayudar con ese aspecto al brindarle una manera de ahorrar dinero en el lanzamiento inicial de su empresa.

Si bien Lean Startup puede ser difícil de implementar a veces, no se puede negar que puede ayudarlo a ver resultados en su negocio. Lean Startup ofrece un enfoque científico no solo para crear nuevas empresas desde cero, sino también para gestionarlas. También lo ayudará a desarrollar productos y servicios que estén alineados con lo que desean los clientes potenciales y existentes, y le enseñará cómo hacerlo más rápido que nunca.

Trabajando con Lean Startup, usted puede aprender cómo dirigir su negocio, qué turnos tomar y cuándo tomarlos, cómo maniobrar los caminos llenos de obstáculos, y cómo perseverar y mantenerse en ello hasta que su negocio crezca tan rápido como sea posible. Esta es una gran manera para que cualquiera pueda abordar el desarrollo de un nuevo producto o incluso una idea de negocio.

La mayoría de las Startups comienzan con una idea para un producto o servicio que creen que le gustará al consumidor. Luego, pasan meses o años tratando de perfeccionar ese producto. Lo que normalmente no harán es tomarse el tiempo para mostrar el producto, en cualquier forma, a sus clientes potenciales. Debido a esto, no tienen comentarios del cliente, y eso puede hacer que sea difícil saber con certeza si al cliente le gustará una vez que su producto o servicio esté en el mercado. También tendrían poca información sobre si hay cambios que puedan hacer en el camino para garantizar que el producto cumpla con las expectativas del cliente. El hecho de no seguir estos pasos a menudo conduce al fallo de la puesta en marcha en general. Después de que el producto sale y los clientes expresan con indiferencia que no están impresionados con él, hay poco más que se puede hacer para remediar la situación. Casi todo podría ser un desperdicio, independientemente de lo duro que trabajaron en la idea.

La metodología Lean Startup puede ayudarle a sortear estos problemas. Puede garantizar que su producto tenga un buen desempeño en el mercado, ya que no tendrá que pasar años solo para armar un producto, mientras espera que despegue. Con Lean Startup, en realidad incluirá los comentarios de los clientes en sus consideraciones y trabajará desde allí. Puede hacer cambios para mejorar el producto a medida que avanza, escuchar los comentarios sobre estos cambios y repetir el proceso, todo para garantizar que el producto final que se adapte a sus necesidades, también se adapte perfectamente a las necesidades de sus clientes.

El proceso de la metodología Lean Startup

El proceso de Lean Startup se usa a menudo cuando se desea establecer una Startup o cuando hay una Startup que desea introducir un nuevo producto en el mercado. Esta metodología aboga por el desarrollo de productos que ya desean los consumidores. Esto le permite a la empresa saber que ya existe un mercado para su producto y que este mercado estará abierto cuando se lance el producto.

Tradicionalmente, las compañías trabajaban mucho en un producto y luego lo lanzaban al mercado. Las Startups pueden fallar y las empresas establecidas pueden perder mucho dinero si introducen un producto que no tiene un mercado listo. Siempre fue una apuesta, y eso dificultó que muchas empresas entraran en el mundo de los negocios.

Sin embargo, con el método Lean Startup, este riesgo e incertidumbre desaparecen. Usted trabajará en un producto y tomará la información y los comentarios de los clientes para determinar si los compradores potenciales serán receptivos. También puede realizar cambios en el producto o seguir nuevos y diferentes caminos de desarrollo de productos en función de la información que recibió de los clientes.

Cuando emplee los principios de Lean Startup, un desarrollador podrá evaluar mejor el interés del consumidor en el producto y luego determinar algunos de los refinamientos que el producto puede necesitar. Este es un proceso conocido como aprendizaje validado, y es notable por ayudar a la empresa a evitar el uso innecesario de recursos al crear un producto.

Una cosa buena de trabajar con Lean Startup es que si su idea fracasa cuando llegue al mercado, lo hará de manera muy rápida y económica en lugar de costarle mucho dinero en el camino. En este método, encontrará que la experimentación y las pruebas son mucho más valiosas que la planificación detallada. Considera un plan de negocios de cinco años que se ha construido alrededor de la incertidumbre como una pérdida de tiempo, pero muy importante escuchar la reacción de los clientes.

En lugar de gastar tiempo confiando en los planes de negocios, las Lean Startups basan su modelo de negocios en una hipótesis que pueden probar rápidamente. Los datos no necesitan ser completados antes de proceder; solo tiene que haber una cantidad suficiente. Cuando la compañía ve que el cliente no está reaccionando al producto como lo deseaba, la empresa podrá ajustarse rápidamente para ayudar a limitar sus pérdidas y luego devolver un nuevo producto que el cliente desea. En este método, el fallo se verá como la regla en lugar de la excepción.

Este método puede funcionar para negocios establecidos que buscan lanzar un nuevo producto al mercado, pero Lean Startup generalmente está reservado para Startups que están tratando de ingresar al mercado y que quieren asegurarse de que su producto vaya a funcionar y que tendrá éxito. Los empresarios que decidan utilizar el método Lean Startup seguirán este método para probar sus hipótesis al involucrarse con sus socios potenciales, compradores y clientes. Hacen esto para evaluar las reacciones de estas personas sobre el precio del producto, las características, la distribución y la adquisición de clientes.

Una vez que los empresarios obtengan la información necesaria, harán pequeñas interacciones o ajustes de su producto. Si hay cambios importantes que deben hacerse, deben considerar hacer un pivote para corregir cualquiera de estas preocupaciones. Esta fase de prueba puede implicar realizar muchos cambios, incluido el cambio del producto o incluso del cliente objetivo para que las cosas funcionen.

Veamos un ejemplo de cómo funciona esto. Hay un servicio de entrega de comidas saludables, y su objetivo es apuntar a personas solteras y ocupadas en áreas urbanas. Al utilizar el método Lean Startup y escuchar a sus clientes, es posible que descubran que su idea de negocio es excelente, pero que se dirigen al tipo incorrecto de clientes. En su lugar, podrían encontrar que un mercado mucho mejor para trabajar serían las madres de recién nacidos que viven en los suburbios, de algo más de 30 años.

Una vez que la compañía descubra que es mejor servir a un mercado diferente, es posible que realicen otros cambios en los productos y servicios para atender mejor este área. Pueden cambiar el momento en que entregan los alimentos e incluso cambiar qué alimentos entregarán para que puedan brindar una buena nutrición a estas nuevas madres. También podrían agregar algunas opciones de comidas para otros niños en la casa o para los cónyuges de estas madres.

Si la compañía mantiene su plan original y no realiza las pruebas necesarias en Lean Startup, es posible que no alcancen las ventas que desean. Es posible que obtengan algunas ventas, pero es probable que hayan elegido un mercado que no tenga mucho potencial o que tenga demasiada competencia y, por ende, fracasen.

La metodología Lean Startup primero buscará identificar un problema que la empresa necesita resolver. Luego, se trabajará para desarrollar un producto mínimo viable, también conocido como la forma más pequeña del producto que permite a los empresarios introducirlo al cliente potencial. Esto le permite a la empresa obtener comentarios para que puedan realizar cambios que harán que el producto funcione mejor para el cliente.

Este método es en realidad más rápido y menos costoso que trabajar en el producto final para las pruebas, y reduce los riesgos a los que se enfrentan las Startups porque va a disminuir su alto índice de fallos. Puede redefinir un inicio como una organización que está buscando un modelo de negocio escalable, no uno que tenga un plan de negocios existente que está determinado a ejecutar.

Por supuesto, este método no se limita solo a las Startups. Compañías como Intuit, Qualcomm y General Electric han usado la metodología Lean Startup. Por ejemplo, GE utilizó este método para ayudarles a crear una nueva batería que las compañías de teléfonos celulares podían usar en los países en desarrollo donde el acceso a la electricidad no era fiable.

Encontrará que el método Lean Startup podrá diferenciarse de los modelos de negocios tradicionales incluso cuando se trata de la contratación. Como Lean Startup, debe asegurarse de contratar trabajadores que puedan aprender, adaptarse y trabajar rápidamente. Las empresas tradicionales, por otro lado, tienden a contratar trabajadores según la experiencia y la capacidad.

Estas nuevas empresas también dependerán de diferentes métricas para sus informes financieros. En lugar de centrarse en sus estados de resultados, estados de flujo de caja y balance financiero, se centrarán más en la tasa de cancelación de clientes, el valor de por vida de sus clientes, qué tan viral pueden ser el producto y cuánto les costaría a sus clientes adquirirlo.

Deshacerse de la Incertidumbre

La falta de un proceso de administración personalizado puede causar mucho caos en su negocio. Con la ayuda del enfoque Lean Startup, usted puede crear más orden, incluso cuando todavía está en las etapas iniciales. Hay muchas herramientas excelentes que puede usar para probar constantemente su visión. Lean no se trata solo de gastar menos dinero, aunque este es uno de los beneficios del programa. Tampoco se trata de fallar barato o rápido. De lo que se trata es de poner una metodología probada en el desarrollo de su producto para que funcione bien. Está pensado para ayudarlo a hacer lo que usted debe hacer como una empresa nueva: crecer alto y rápido.

Trabajar de forma más inteligente

El hecho de que usted tenga una buena idea para un negocio de inicio no significa que el negocio necesariamente tendrá éxito. No se tratará solo del servicio o del producto que desea crear, sino que también se trata de construir una infraestructura sostenible en torno a sus servicios y productos. Con el método Lean Startup usted tendrá algunos clientes establecidos cuando su servicio o producto esté listo para su distribución masiva.

En lugar de simplemente esperar que el producto que está desarrollando sea bueno y pasar mucho tiempo en él mientras espera que todo funcione, la metodología Lean Startup le permite saber con seguridad si su producto funcionará bien o no antes de llegar a los estantes.

Crea un PMV

El producto mínimo viable, o PMV, debe estar al frente y en el centro de su concepción mental de Lean Startup. Esta metodología gira en torno al proceso de construir, aprender, medir y repetir hasta que el producto esté listo. El primer paso es determinar el problema que necesita resolver y luego desarrollar un PMV para ayudar a iniciar el proceso. Usted debe hacer esta parte lo más rápido posible.

Una vez que desarrolle su PMV, puede dirigir su atención a afinar el motor de su inicio. Esto implica mucho aprendizaje, medición y algunas otras métricas procesables para que usted aprenda a producir el proyecto perfecto. Usted va a pasar mucho tiempo investigando, y la mejor manera de hacerlo es usar el enfoque de los cinco porqués.

Este método le pedirá a usted que haga preguntas para estudiar y luego resuelva los problemas que su producto pueda tener en el camino. Si se hace de la manera correcta, le ayudará a saber si se está moviendo en la dirección correcta. Si no lo es, entonces es hora de hacer un "pivote" o establecer correcciones y probar algo nuevo.

Aprendizaje Validado

Si apreciamos el negocio desde el punto de vista de la manufactura, la producción de bienes de alta calidad es el baremo utilizado para medir el progreso. En un Lean Startup, la unidad de progreso es conocida como aprendizaje validado. Este es un método riguroso que usted puede utilizar para demostrar el progreso, especialmente si está envuelto en una incertidumbre extrema.

Cuando un empresario se embarca en el método de aprendizaje validado, la tasa de su desarrollo puede terminar reduciéndose un poco. Si usted solo se enfoca en crear el producto adecuado, uno por el que los clientes tengan más probabilidades de pagar, entonces tendrá que esperar el lanzamiento del producto beta que aún podría tardar meses para poder realizar algún cambio en la marcha de la empresa y dirigirla en otra dirección. Sin embargo, con Lean Startup, usted puede adaptar sus planes gradualmente a medida que avanza, en lugar de esperar hasta que se realice la mayor parte del trabajo antes de realizar cambios importantes.

El aprendizaje validado es una de sus mejores herramientas cuando se trata de trabajar con el método Lean Startup. Con datos para respaldarlo, le indicaría a usted si tiene un mercado para su producto cuando esté listo para venderlo. Muchas Startup han fracasado en el pasado porque simplemente crearon un producto, lo pusieron en el mercado, lo publicitaron y luego esperaron que el producto saliera bien. A veces esto funciona, pero a menudo fallará simplemente porque no se tomaron el tiempo para estudiar el mercado o hacer un producto que el cliente deseara.

El aprendizaje validado le permite trabajar en un producto, puliéndolo a la versión que el cliente desee. Para algunas startups, esto puede parecer que tomara más tiempo. ¿Por qué querría pasar por varias pruebas para un producto antes de venderlo? ¿No parece que esto va a requerir más trabajo antes de que usted pueda lograr algo?

En realidad, el aprendizaje validado lleva menos tiempo. ¿Cuál preferiría usted hacer? ¿Usted pasa tiempo haciendo pequeños cambios a medida que desarrolla el producto para llegar al perfecto? ¿O usted preferiría realizar los nueve metros completos de trabajo duro solo para descubrir que, una vez que se lanza el producto, debe hacer cambios importantes, tal vez incluso comenzar de nuevo, antes de poder ganar dinero? Trabajar con Lean Startup en realidad significa que pasará menos tiempo en el desarrollo de su producto, mientras inventa un producto que el cliente comprará.

Capítulo 2: Los Beneficios de Lean Startup

Usted puede esperar grandes beneficios cuando decida empezar a usar los principios de Lean Startup. Esto tiene el propósito de ayudarlo a que su negocio funcione mejor y ayudarlo a tener éxito con confianza, en lugar de simplemente esperar que las cosas resulten al final. A continuación, se enumeran algunos de estos beneficios:

Usted estará más cerca de sus clientes

Si bien usted tiene que luchar contra parte de la competencia, hay ventajas naturales que puede disfrutar. La primera es que tiene una ruta de acceso más directa para obtener información de sus clientes. Como se mencionó anteriormente, usted también tendrá la capacidad de implementar cambios basados en los comentarios o aportaciones que escuche de una manera rápida y eficiente. Esto es algo que muchas grandes empresas no hacen, y muchos desearían poder hacer. Las siguientes son algunas de las formas en que podría utilizar este beneficio para obtener una ventaja competitiva:

- Asegúrese de que todos sus empleados estén en contacto con sus clientes.
- Establezca un bucle para la retroalimentación. Este bucle de retroalimentación debe ocurrir entre ventas.
- Tómese el tiempo para estudiar cualquier interacción que ocurra en el servicio al cliente.
- Monitoree las interacciones sociales también.
- Si usted puede, póngase al teléfono y pase un rato hablando con sus clientes. Si tiene la capacidad, tómese el tiempo para conocer a estos clientes en persona también
- Extraiga los análisis que obtiene en línea.
- Incorpore los datos recopilados directamente en los productos que produce.
- Haga que los comentarios que reciba del cliente sean altamente visibles en toda la organización.

Usted puede hacer cambios fácilmente

Las grandes empresas no son realmente conocidas por ser ágiles. A menudo, cuanto más grande se vuelve la empresa, más dependerá de los procesos y estructuras establecidos. Habrá más burocracia con la que lidiar dentro de la empresa, y las líneas de comunicación entre los diferentes departamentos pueden volverse menos directas. Peor aún, las reuniones, una de las mayores asesinas de productividad jamás inventadas, comenzarán a hacerse cargo. Como resultado, la planificación de cualquier cosa puede llevar a estas grandes empresas años en lugar de unos pocos meses o menos.

Como Startup, especialmente cuando está trabajando con Lean Startup, puede cambiar y reaccionar ante las diferentes oportunidades que surgen en el mercado todo el tiempo. En el tiempo que le llevaría a una empresa más grande programar una llamada de conferencia o una reunión para discutir el cambio, usted ya podría tener el cambio implementado.

Cuando analice la rapidez con la que los mercados cambian casi a diario, usted se dará cuenta de que es agradable convertirse en una empresa que pueda mantenerse al día. Algunas de las empresas más grandes tienden a quedarse atrás porque no saben cómo escuchar a sus clientes para obtener resultados. Sin embargo, como una Lean Startup, usted puede hacer cambios rápidos que sus clientes notarán y apreciarán de inmediato. Hay varias formas de aprovechar esta ventaja para salir adelante:

- Elija un mercado que esté evolucionando o que tenga algunas necesidades o gustos que sean dinámicos.
- Elija un mercado que tenga un potencial de innovación a largo plazo.
- Trabaje en la construcción de su mercado antes de que las empresas más grandes sepan qué les afecta. Hacerlo realmente puede ayudarlo a construir una buena base de clientes antes de que llegue toda la competencia.
- Utilice tecnologías innovadoras y nuevas, así como componentes de modelo de negocio.
- Asegúrese de que todos los aspectos de su negocio pueden evolucionar rápidamente.
- Trate de que su alta dirección salga al campo tanto como pueda.

Usted puede desarrollar un buen enfoque en su mercado objetivo

Las grandes empresas a veces pueden tener problemas a la hora de enfocarse. A menudo tienen que preocuparse por aumentar su alcance para sostener su crecimiento y, a veces, tienen que desarrollar productos dirigidos a muchos segmentos diferentes de clientes que utilizan diferentes enfoques de distribución. Aunque estas grandes empresas tienen más recursos que su Startup, también tienen que distribuir estos recursos en muchas áreas diferentes.

Por otra parte, usted puede dedicar todos los recursos que tiene para desarrollar un enfoque nítido en un segmento muy específico de clientes. Esta es una gran ventaja. No solo puede desarrollar una comprensión profunda de sus clientes, incluidos sus procesos de compra, necesidades, deseos y puntos débiles, sino que también puede ser más claro y conciso a la hora de realizar cualquier mensaje.

Los pasos simples que puede tomar para aprovechar esta ventaja incluyen los siguientes:

- Encuentre un nicho que desee comercializar y vaya tras él.
- Asegúrese de que todas las personas que trabajan en su empresa también persigan ese nicho.
- Refuerce el enfoque de cualquier oportunidad que tenga. Asegúrese de que el enfoque también venga de arriba hacia abajo.
- Asegúrese de que el equipo que tiene se mantenga lo más pequeño posible.

Usted puede perseguir alguna de las oportunidades más pequeñas

Las grandes empresas tienden a ir tras grandes oportunidades de mercado. No quieren perder tiempo o recursos yendo a un mercado pequeño, especialmente si ese mercado tiene necesidades especiales. Esto significa que estas grandes empresas están dejando pasar una cantidad significativa de oportunidades a través de las grietas. Como un Lean Startup es más pequeño, usted puede aprovechar estas oportunidades y reclamarlas como propias.

La clave aquí es identificar y luego atacar las características demográficas y los mercados que, aunque parecen pequeños ahora, están avanzando y tienen mucho potencial de crecimiento. Al principio, usted puede quedarse en un rincón pequeño, pero puede tener la oportunidad de establecerse y crecer sin tener que luchar contra la gran competencia. Posteriormente, podrá expandirse más adelante si esto le funciona.

Si bien puede parecer que algunas de estas oportunidades más pequeñas son una pérdida de tiempo, pueden ser bastante rentable. Usted puede ganar una buena cantidad de dinero cada trimestre si encuentra y logra llamar la atención de estos grupos, especialmente si son aquellos que son ignorados o desatendidos por algunas de las corporaciones más grandes.

Algunas de las cosas que usted puede hacer para aprovechar esta ventaja incluyen lo siguiente:

- Intente encontrar algunos mercados que sean demasiado pequeños para algunas de las empresas más grandes. Encuentre los mercados que están fuera de su radar.
- Averigüe si hay segmentos de clientes que tengan necesidades especiales que las grandes empresas no estén abordando.
- Identifique un mercado pequeño o latente en el que las startups están empezando a atacar.

Usted puede innovar más rápido y efectivamente

El cambio es a veces un desafío para una gran organización o un sistema para el cual está bien establecido. A veces tampoco buscan abarcar el riesgo. Para estas empresas, no solo puede ser difícil coordinar los cambios y las nuevas iniciativas desde un punto de vista logístico, sino que también puede haber mucha resistencia por parte de la gerencia y los empleados.

Para empeorar las cosas, hay una tendencia en estas grandes empresas que puede ir en contra de ellas: para los propietarios, la resolución de problemas y el pensamiento creativo a menudo se limitan a realizar pequeñas interacciones y ajustes en un proceso que ya existe. Suelen quedarse estancados con la mentalidad "esta es la forma en que siempre lo hemos hecho". Esto los lleva a no querer hacer grandes cambios, casi despojándolos de la capacidad de reaccionar y hacer cambios que se adapten a sus clientes.

Si usted tiene una Lean Startup, no tendrá esas limitaciones. De hecho, cuanto más disruptivo e innovador sea al desarrollar su solución o negocio, más difícil será para algunas de las empresas más grandes competir, ponerse al día o copiar lo que está haciendo. Esto puede darle una gran ventaja en el mercado.

Algunos de los pasos que usted puede seguir para explotar realmente esta ventaja sobre algunas de las grandes empresas son los siguientes:

- Tome riesgos y sea audaz cuando comience.
- Desarrolle la tecnología con la que sus competidores tendrían problemas si se apegan a sus plataformas actuales.
- Ejecute un enfoque que sería muy difícil o disruptivo de replicar para algunas de las compañías más grandes.
- Contrate a sus empleados y equipos individuales para probar, repetir y luego adoptar los enfoques innovadores que desee.

Puede mantener bajos sus costos de ventas y marketing

La metodología Lean Startup le permite trabajar con alta eficiencia cuando se trata de obtener ganancias. La idea básica que usted debe tener en cuenta es que todo lo que haga, desde el servicio al cliente y el precio, hasta su producto, debe ser tan convincente que pueda convertir a sus clientes con muy poco costo para la comercialización.

Por supuesto, usted no deseará recortar su comercialización y ventas por completo. Pero si bien las grandes empresas tienen que gastar millones de dólares cada año para atraer a los clientes y conseguir que se queden, usted puede hacerlo por un precio muy bajo. Su objetivo es seguir siendo lo más eficiente posible. Esto le ayudará a mantener sus costos bajos para que pueda mantener más de sus ganancias en sus propias manos, e incluso mantener bajos los costos que comparte con los clientes. Hay varios pasos que usted puede seguir para explotar completamente esta ventaja:

- Tómese el tiempo para centrarse en UX.
- Cuando cree su producto, asegúrese de incorporar funciones de intercambio social en él.
- Haga que su registro o proceso de compra sea lo más simple posible. Si estos procesos son difíciles de hacer, su cliente se enojará o simplemente se rendirá, y usted nunca obtendrá las ganancias.

- Encuentre maneras de mejorar constantemente el producto que está vendiendo. Intente incorporar los comentarios de los clientes con la ayuda de un ciclo de desarrollo rápido.
- Permita que los clientes utilicen versiones beta y de prueba gratuitas de su producto. Cuando usted haya terminado con eso, tómese el tiempo para valorar su producto de manera competitiva.
- Asegúrese de que sus ventas y sus gastos de marketing sean tan bajos como pueda. Esto le permitirá poner más dinero en los puntos anteriores en lugar de tratar de obtener una retención de los clientes.

Muchas Startup asumen que no hay forma de vencer a algunos de los competidores de renombre en su mercado. Piensan que pueden obtener algunos clientes aquí y allá y que, si tienen suerte, podrán encontrar un pequeño mercado y quizás hacerlo bien. Sin embargo, con Lean Startup, usted se dará cuenta de que hay mucho potencial para usted. Puede hacer buenas mellas en la competencia siempre que aproveche su tamaño y lo que puede hacer.

Capítulo 3: Principios de Lean Startup

Las ideas de Lean Startup han provocado grandes cambios en el mundo de los negocios de hoy. Ahora es algo con lo que la mayoría de las empresas trabajan cuando están listas para iniciar un nuevo emprendimiento. Para que Lean Startup funcione bien, usted debe comprender e implementar los principios principales relacionados con esta metodología. Los siguientes son algunos de sus principios fundamentales:

El espíritu empresarial es la gestión

Recuerde que su Startup es una institución completa, no solo un producto. El producto va a ser la idea principal que usted utilizará para ganar dinero. Sin embargo, producirá una pequeña cantidad si solo vende un producto y si no crea una empresa o institución que pueda ayudarlo a impulsar ese producto en el mercado.

Dado que su Startup también es una institución, requerirá administración. Esta gestión debe ser algo diferente y nuevo, un tipo de gestión orientada a manejar el tipo de productos que planea vender. Usted debe formar parte de la administración, pero también es necesario que contrate a otras personas que compartan su visión y que estén en el mismo equipo.

No contrate a alguien para dirigir el negocio si solo quiere ganar dinero. Usted debe buscar a alguien que pueda mostrar su espíritu empresarial en el trabajo que hace. Su finalidad es que lo ayuden a construir constantemente los productos que desea producir y vender. Con Lean Startup, usted debe trabajar con los clientes y mejorar constantemente el producto para hacerlo perfecto en lugar de tener solo un producto.

Los empresarios están en todas partes.

Hoy en día, trabajar desde un garaje ya no es un requisito para ser considerado una Startup. Por el contrario, tampoco es necesario tener una oficina grande con muchos empleados para ser una Startup. Usted solo necesita tener una idea que busca vender a sus clientes y la mentalidad correcta para comenzar. En el mundo moderno de hoy, usted puede encontrar a estos empresarios en casi todas partes. Algunos van a trabajar desde sus hogares, otros hornean golosinas y las venden, y otros lo llevan a una escala mayor y en realidad dirigen un negocio. Pero para que Lean Startup funcione bien para usted, primero debe ser un empresario que esté listo para vender su producto al mundo.

Usted también puede ser un empresario. No necesita una oficina grande para comenzar a cumplir sus sueños de convertirse en uno. Solo tiene que reconocer el título de empresario y trabajar constantemente hacia ese sueño si alguna vez desea tener éxito, y siempre puede recurrir a los métodos descritos en este libro y en otros recursos que lo ayudarán a lograrlo.

Aprendizaje validado por los clientes

Las startups no existen solo para hacer cosas y dinero o para servir a los clientes. También sirven como una plataforma para que los empresarios aprendan cómo construir un negocio que sea sostenible y que dure más de unos pocos años.

Muchas personas que se involucran en el negocio sienten que no hay forma de saber con anticipación si su negocio tendrá éxito a largo plazo. Suponen que es una cuestión de suerte o que dependerá completamente del mercado si verán el éxito en el futuro.

Sin embargo, hay formas científicas que usted podría utilizar para validar si su negocio es sostenible. Este aprendizaje se puede validar realizando experimentos que le permitirán probar cada aspecto de su visión.

Contabilidad de la Innovación

Para ayudarlo a mejorar sus resultados empresariales y para asegurarse de que usted, como empresario, sea responsable de sus acciones, también tenemos que aprender a concentrarnos en las cosas aburridas. Esto significa que tendrá que configurar formas de medir el progreso, establecer hitos para asegurarse de que va por buen camino e incluso aprender cómo priorizar su trabajo. Además, usted debe aprender cómo realizar un tipo específico de contabilidad que funcione mejor para las empresas de nueva creación.

La contabilidad en sus primeros años de negocios será diferente en comparación con la que usted puede usar una vez que se establezca el negocio y obtenga una ganancia. Tendrá que gastar dinero en los primeros años para encontrar el producto, pagarles a los empleados, obtener los materiales y devolverle el dinero a quien se lo haya prestado. Tener el tipo correcto de sistema de contabilidad establecido marcará una gran diferencia en el desempeño de su negocio.

Producir, medir, aprender

La actividad fundamental de su inicio debe ser convertir todas sus ideas en un producto, medir cómo responden sus clientes al producto que creó, y luego saber si debe pivotar o perseverar en función de las respuestas que reciba de sus clientes.

Este es un bucle de retroalimentación que todas las Startups deben aprender a seguir. Esta es una de las mejores maneras de averiguar si usted creará un producto que sus clientes realmente quieren o no. Puede hacer esto a lo largo del proceso de desarrollo e incluso cuando esté listo para diseñar un nuevo producto para mantener el negocio sostenible. Nunca deje de pasar por el bucle de construir, medir, aprender. Si lo hace, terminará alienando a sus clientes y no obtendrá las ventas que desea.

Comprender los principios de Lean Startup puede marcar una gran diferencia en lo bien que usted puede hacer que todo esto funcione. Cuando usted tome en cuenta todos estos principios, verá resultados sorprendentes, sin importar qué tipo de productos desea vender o qué tipo de negocio está iniciando.

Capítulo 4: Los Conceptos de Lean Startup

Para entender el Lean Startup, es importante cubrir los conceptos clave de esta metodología. Este capítulo desglosará algunos de esos conceptos clave para darle una idea más profunda de lo que es Lean Startup y lo que espera lograr.

Producto mínimo viable (MVP)

El MVP es lo que llamamos la versión piloto de un producto cuyo objetivo principal es proporcionarle información. No requiere una inversión masiva de su parte. Su finalidad es darle una idea de si existe o no un mercado sin tener que perder mucho tiempo o recursos.

Este es el paso inicial que se debe tomar durante la primera ronda de pruebas del producto. Usted necesita tener algo concreto para presentar al cliente. La idea en sí misma no va a funcionar porque le será difícil encontrar un cliente que esté satisfecho con escuchar su idea sin poder tener un producto tangible en sus manos.

Con el MVP, usted deberá revisar todas sus ideas y elegir una en la que trabajar. Si tiene muchas ideas buenas, recuerde que siempre puede volver a ellas más tarde. Por el momento, usted deberá dedicar su tiempo y energía a una sola. Elija un producto que piense que funcionará bien en el mercado, uno que realmente impresionará a sus clientes, preferiblemente uno que no necesite demasiadas pruebas antes de que se pueda completar.

Una vez que tenga esa idea, es hora de convertirla en un prototipo. Recuerde que debe tener algún tipo de producto físico que pueda poner en manos del consumidor. En esta etapa, no tiene que ser perfecto. Lo probará aquí y obtendrá consejos y recomendaciones sobre lo que debe hacer a continuación para mejorar el producto. Luego, usted puede construir desde allí y obtener una versión mejor, y si es necesario, deberá repetir el proceso hasta que esté completamente correcto.

Es probable que haya varias versiones diferentes de su producto antes de que pueda comercializarlo, y esto será especialmente cierto si realmente escucha lo que sus clientes le están diciendo. Ellos le darán información valiosa sobre lo que les gusta y lo que no les gusta.

Cuando trabaje con la metodología Lean Startup, recuerde que el objetivo es saber de antemano cómo funcionará el producto una vez que salga al mercado. Usted no se encontrará con sorpresas o carecerá de ventas cuando el producto llegue a los estantes porque ya hizo los ajustes necesarios. Pero antes de que pueda seguir y cumplir esos pasos, primero debe crear el MVP y trabajar desde allí con la ayuda de sus clientes.

Interacción continua

La implementación continua en la web y el desarrollo de software se refiere a la idea de que todos los códigos para un producto deben estar perpetuamente en las etapas de producción en lugar de las etapas de desarrollo. Esto le permitirá recibir comentarios constantes sobre las nuevas versiones de los usuarios, así como también encontrar errores e informarlos con mayor rapidez.

El software es un gran ejemplo. El mundo de la tecnología siempre está cambiando. Sale un nuevo software. Los sistemas operativos antiguos obtienen actualizaciones. Es importante que el software que usted cree pueda mantenerse al día con todas las demandas cambiantes de este mundo.

Con la implementación continua, usted puede realizar cambios constantes en el software que desarrolla. Mantener un foro abierto con sus clientes también puede ayudar. Si alguien encuentra un error en el sistema, si necesita hacer una actualización debido a nuevos virus que están fuera, o si surge algún otro problema con el software, usted puede mantenerlo en una implementación continua para garantizar que sea fácil realizar los cambios que sean necesarios.

Pero la implementación continua no solo se aplica a los programas de software. Puede funcionar con cualquier tipo de producto que usted desee probar y crear. Siempre debe tratar de mantener su producto en una implementación continua para que pueda abordar cualquier problema que surja. Podría ser tan simple como corregir un error en un programa o agregar una nueva función para que el producto funcione mejor para sus clientes. Cuando usted mantiene su producto en una implementación continua, es mucho más fácil para usted realizar estos cambios sin tener que comenzar de nuevo.

Cuando usted esté trabajando en su producto, absténgase de declararse a sí mismo y a los demás que está terminado. El producto nunca debe volverse estático y resistente al cambio. Incluso cuando ha creado un producto que realmente les gusta a sus clientes, no significa que usted pueda darse por vencido y no volver a trabajar en él. Tenga en cuenta que a los clientes les gusta tener cosas nuevas, que puede saturar el mercado con el producto actual y que las necesidades de sus clientes cambiarán.

Cuando usted mantiene el producto en una implementación continua, hace que sea mucho más fácil realizar cambios cuando lo necesite. Puede agregar nuevas funciones, deshacerse de algunas de las cosas que ya no quiere y mucho más. Esta es solo una mejor forma de ver sus productos para que pueda adaptarlos más rápidamente a los requisitos cambiantes sin tener que preocuparse por comenzar de cero.

Divida las Pruebas

Cree dos versiones diferentes de un producto y, luego, sáquelas al mercado y ofrézcalas a los clientes al mismo tiempo. Al hacer esto, usted podrá obtener información de cómo sus clientes interactúan con las dos versiones separadas y distintas del producto. Esto puede ayudarlo a tener una idea de lo que prefiere el mercado, así como proporcionarle datos basados en las diferencias entre las preferencias de varios usuarios.

Esta es una gran manera de acelerar un poco más el proceso de prueba. Incluso, usted puede lanzar una versión para un grupo de clientes y la otra versión para un grupo completamente diferente. A partir de aquí, usted puede continuar probando y ver cuál funciona mejor, y luego puede seguir adelante.

Recuerde que los dos productos deben ser casi iguales, pero con una pequeña diferencia. Puede hacer esto durante varias interacciones diferentes, pero no saque más de dos a la vez. Esto le asegurará que obtenga los resultados correctos cuando los necesite y puede evitar que también obtenga demasiada información conflictiva del trabajo.

Solo trabaje con pruebas divididas si está seguro de que le proporcionará los beneficios que está buscando. Si este tipo de prueba se aplica correctamente, puede brindarle mucha información sobre su producto y, al mismo tiempo, realizar el trabajo mucho más rápido que con otros métodos. Sin embargo, si usted no realiza este tipo de pruebas de manera adecuada, podría brindarle una gran cantidad de mensajes mixtos que tal vez no pueda ordenar y usar.

Si usted decide lanzarse con la prueba dividida, asegúrese de seguir los procedimientos correctamente. Esto le asegurará la obtención de la mayor cantidad de información posible. Esta puede ser una gran herramienta para ayudarlo cuando esté trabajando con las pruebas en Lean Startup, ya que le permitirá leer la información y los comentarios que recibe del cliente.

Pivote

Un pivote es un curso de acción específico establecido por usted, que puede permitirle tener una hipótesis alternativa sobre para qué otra cosa, cree usted, que su empresa y recursos podrían ser utilizados. Esencialmente, es un caso separado y un plan de respaldo al que puede adherirse si su primera alternativa no funciona, sin tener que abandonar los recursos ya utilizados y que ya tiene.

Esto es algo en lo que necesitará trabajar si usted descubre que sus clientes no están entusiasmados con su producto. Es posible que reciba muchas críticas sobre lo que está haciendo, y puede descubrir que hay demasiadas cosas que deben cambiar. En ese caso, sería más eficiente si simplemente siguiera una dirección completamente diferente o comenzara de nuevo con una nueva idea. Para eso es un pivote.

Todo esto es parte del proceso de Lean Startup. Usted debe aprender lo que quiere el cliente y, a veces, sucede que el cliente no desea el producto que usted le proporcionó originalmente. Es mucho mejor aprender esto durante la fase de prueba, donde puede hacer cambios fácilmente en lugar de hacerlo después de haber invertido mucho tiempo, esfuerzo y dinero.

Como empresario, usted debe estar dispuesto a realizar los cambios necesarios durante un pivote. A veces, usted puede encontrarse realmente atado a un producto que diseñó o en el que trabajó tan arduamente, pero si no escucha lo que sus clientes le dicen, puede terminar con un producto que nadie quiere y no podrá ganar dinero con él. Usted debe estar dispuesto a pivotar cuando la información y los comentarios que reciba de sus clientes hagan evidente que es necesario hacerlo.

Kanban

Muchas empresas Lean Startup utilizan tableros Kanban. Los tableros Kanban se dividen en tres categorías: por hacer, en proceso y hecho. Le permiten realizar un seguimiento fácil de qué tareas deben completarse y qué tareas se han completado, especialmente en un entorno de equipo.

Esta es una excelente manera de saber si va en la dirección correcta con el producto que está creando. Kanban es un método no técnico en el que cualquier persona de su equipo puede trabajar. Nadie se sentirá excluido si no son creativos, no es técnico, o no es otra cosa. Siempre debe mantener este tablero actualizado para obtener el mayor beneficio de él. Si deja de poner cosas, no será el recurso que necesita.

Lean Startup es una metodología que usted puede utilizar para ayudarlo a tomar sus ideas y hacerlas exitosas, al tiempo que reduce la incertidumbre que viene con el mercado. Sin embargo, esto solo funcionará si usted comprende algunos de los conceptos esenciales de Lean Startup y si puede implementarlos adecuadamente en su nuevo negocio. Asegúrese de absorber los conceptos presentados anteriormente y reflexionar sobre cómo puede aplicarlos a su producto.

Capítulo 5: El Proceso de Lean Startup

Supongamos que usted ha decidido que realmente le gustaría que su empresa se modele de la manera Lean Startup. ¿Cómo exactamente puede hacerlo? En este capítulo, vamos a describir una serie de factores diferentes que son inmensamente importantes para el desarrollo de su Startup.

Paso 1: Consolide su idea

Hay dos tipos de propietarios de Startup: las personas que quieren actuar sobre una idea y las personas que quieren tener un negocio. Puede adivinar por usted mismo cuál tiende a producir los resultados más innovadores.

Las personas que llegan al mercado con una idea nueva y creativa suelen ser aquellas cuyas empresas disfrutan del mayor éxito. Sin embargo, eso no quiere decir que tener una idea derivada sea necesariamente malo. De hecho, hay un montón de negocios seguros que cualquier persona puede iniciar, incluidas las pizzerías, las cafeterías o incluso las compañías de desarrollo de software, que hacen productos similares a los que ya están en el mercado y los venden a un precio más bajo.

Por lo tanto, en la batalla entre la seguridad y la innovación, debe decidir qué ruta desea tomar. La idea de Lean Startup tiende a aplicarse igualmente bien a cualquiera, por lo que es un buen punto de seguridad. La única otra consideración en la que usted debe pensar es sobre qué tipo de idea quiere tener.

Si usted abrió este libro con una idea firme en mente, entonces ya ha completado este paso. Sin embargo, si usted aún no tiene una idea sólida, necesita comenzar a desarrollar una primera cosa. ¿Cuáles son algunos nichos cerca de usted que aún no están llenos? ¿Cuáles son algunos nichos que están llenos, pero en los que aún quiere entrar? Recuerde, los mercados son saludables cuando tienen competidores, y también lo son cuando tienen innovadores. De cualquier manera, usted necesita tener algún tipo de idea de negocio inicial lista.

Si no está seguro de con qué tipo de idea quiere trabajar, puede ser el momento de sentarse y hacer una lluvia de ideas. Uno no puede trabajar con Lean Startup si no tiene al menos algunas ideas originales en las que se pueda trabajar. Este sería el momento de sacar un bolígrafo y papel y escribir todas las ideas que pueda tener. Este paso también puede ser útil incluso cuando ya tiene algunas ideas concretas porque podrá compararlas mejor.

Una vez que tenga ideas, es hora de establecer en cuál desea trabajar. Usted solo puede elegir una idea por el momento. Si bien puede tener muchas ideas geniales, no debe perder el enfoque o cambiar su alcance porque estará trabajando en demasiadas cosas a la vez. Elija solo una idea y quédese con esa. Siempre podrá regresar y desarrollar algunas de esas otras ideas más adelante.

Paso 2: Defina su idea

Una vez que usted tenga su idea inicial, debe comenzar a trabajar en las cosas que están vinculadas intrínsecamente a ella. ¿Cuál es el alcance de la empresa que desea iniciar? ¿Cómo quiere expandirse y desarrollarse desde aquí? ¿Qué puede empezar a hacer para que su empresa tenga un comienzo significativo y pueda impulsar todo hacia adelante?

Encuentre un camino para su empresa y establezca una visión para el futuro cercano y el futuro lejano. Defina en términos claros qué es lo que quiere hacer y lo que finalmente quiere que suceda en la línea. En la siguiente sección, analizaremos algunas herramientas que usted puede utilizar para ayudar a que su proceso de planificación de inicio sea más fluido.

Paso 3: Empiece a experimentar

En este punto, usted debe comenzar a ensayar con su idea de negocio. Todo en los negocios y la vida implica experimentación, y las startups no son una excepción. De hecho, uno podría ver las startups como un experimento masivo. Durante esta fase, usted debe contarle a la gente sus ideas, probar las reacciones de los demás, jugar y cambiar su idea, así como modificarla de ciertas maneras. Esencialmente, haga lo que usted pueda para hacer cambios significativos a sus ideas y así su producto les gustará más a las personas.

La parte de experimentación es un buen momento cuando se trata del proceso de desarrollo del producto. Utilice el método científico y proponga una hipótesis que lo guíe aún más. Si usted recuerda su tiempo en la escuela media y secundaria, aún debe conservar una idea de cómo funciona el método científico. Se le ocurre una hipótesis, la prueba y luego determina si necesita probar algo de una manera diferente, si sus resultados fueron confirmados o si necesita una nueva hipótesis.

Esto es lo mismo que hará cuando usted use Lean Startup y comience a experimentar con el producto que desea lanzar al mercado. Puede trabajar en el prototipo y hacer cambios simples, y en este punto, estos pueden ser lo que desee. Vea qué funciona y qué no funciona, luego continúe desde ahí.

La etapa de experimentación es crucial. Definitivamente no es una fase que pueda saltarse. Cuanto más pueda experimentar y colocar su producto en las manos de su cliente, mejor. Esto le permite obtener un flujo constante de información y comentarios de sus clientes potenciales, y esa información se puede utilizar para mejorar el producto antes de lanzarlo al mercado.

La etapa de experimentación no tiene que ser complicada; solo necesita tomar las decisiones correctas a medida que desarrolla su nuevo producto. Piense en esto como si usted se estuviera preparando para un experimento científico o una feria de ciencias en la escuela. Usted no comienza con su trabajo y llega inmediatamente al proyecto final. Si usted lo hubiera hecho, no tendría idea de cómo se produjo el resultado final y no podría explicarle al profesor, ni a nadie más, cómo funcionó.

En cambio, usted se dedicó a la observación de algunos de los problemas que estaban ocurriendo a su alrededor. Escogió uno que pensó que era el más interesante o el más urgente y decidió trabajar en eso. Usted formuló su hipótesis o una conjetura sobre lo que sucedería en su experimento, basado en la información que ya le era conocida o podría recopilar fácilmente en ese momento.

Una vez que formuló la hipótesis, pasó a experimentar. En este momento, usted probaría su hipótesis y vería si tenía razón. A veces, tendría la respuesta correcta desde el principio, pero a menudo, necesitaba hacer algunos intentos para hacerlo bien.

Si obtuvo una respuesta incorrecta, no se rindió. En su lugar, miró para ver si había otras formas de probar su hipótesis. Después de intentarlo varias veces, es posible que comenzara a notar algunos patrones, y tal vez, a partir de eso, haya descubierto cómo continuar. Tal vez aprendió que su hipótesis original era errónea y que necesitaba reemplazarla.

Finalmente, terminó el experimento con la hipótesis perfecta y los resultados de su experimento demostraron que la hipótesis era cierta. En conclusión, le fue bien en la feria de las ciencias, impresionó a su profesor y continuó con el día.

Este mismo tipo de planteamiento puede ser utilizado con su proceso de negocio. Usted comenzará con una hipótesis, algo como "creo que al cliente le gustaría el producto A." Luego desarrollará el producto A, y cuando el producto esté en su forma más básica, debe encontrar algunos clientes potenciales que estén dispuestos a probarlo en el mercado por usted.

Después de esa revisión inicial de los clientes, aprenderá algunas cosas. A algunos clientes les debe haber gustado el producto tal y como fue concebido. Es muy probable que la mayoría de los otros clientes brinden sugerencias sobre qué agregar, cómo mejorar y qué cosas no les gustaron del producto, dado que se encuentra en las etapas iniciales.

Esto no significa que sea un "experimento fallido"; simplemente significa que usted tiene que implementar algunos pasos más antes de terminar. Después de esa primera revisión, usted debe regresar y considerar algunas de las sugerencias, cambiando el producto para implementar algunas de las recomendaciones que recopiló. Una vez hechos los cambios necesarios, presentará de nuevo el producto a los clientes potenciales. Intente obtener una combinación de clientes: algunos que hayan probado su producto anteriormente y algunos nuevos, y luego repita el ciclo una y otra vez hasta que obtenga un producto que el cliente ame.

En algunos casos, usted solo tendrá que hacer algunos ajustes menores con cada revisión del producto. Otras veces, tendrá que hacer algunas revisiones y descubrirá que a sus clientes no les gusta el producto en absoluto. Incluso, usted puede decidir desechar su idea original y formular otra idea que haya surgido durante este tiempo.

Cuando usted llegue al final de este proceso, tendrá un producto o servicio listo para el mercado, uno que sabrá que le gustará y le será útil a sus clientes. Este proceso puede llevar algo de tiempo y energía, e incluso usted puede terminar con un producto completamente diferente al producto con el que comenzó. Sin embargo, al final, este proceso le ayudará a reducir algunos de los riesgos y garantizará que el producto que usted fabrique, se venda.

Paso 4: Tome Riesgos

Comprenda que cuando está trabajando en una idea o en una empresa, está asumiendo un riesgo inherente. No hay negocio sin riesgo. Desafortunadamente, con las Startup, eso generalmente significa un préstamo o algún tipo de capital inicial; generalmente ahorrado o prestado. Usted tiene que estar dispuesto a arriesgar esto ahora.

Cada nueva empresa ha sido, en un grado u otro, una apuesta: aquellos que intentan innovar presentan riesgos aún mayores que aquellos que pretenden ajustarse perfectamente a los paradigmas del mercado existentes. Para hacer que su negocio despegue, usted necesita un capital inicial, y si no puede venir de su propio bolsillo, debe obtenerlo de alguna manera. La obtención de este capital a través de un préstamo es un riesgo en sí mismo. Esta parte del proceso depende de su buena disposición para salir al mercado y usted hará todo para que su negocio sea un éxito.

Si usted no está preparado para asumir riesgos, puede ser el momento de dar un paso atrás y decidir si esto es realmente algo que desea hacer. El modelo Lean Startup está ahí para ayudarlo a tomar decisiones inteligentes con su compañía, y definitivamente puede eliminar algunos de los factores de riesgo. Sin embargo, todavía habrá algún riesgo que usted tendrá que asumir.

Por ejemplo, mientras desarrolla y crea su idea para un producto o servicio, incurrirá en algunos costos: el producto no se construirá de forma gratuita. Luego, se lo proporcionará al cliente para escuchar sus comentarios y decidir si necesita realizar algún cambio. En algunos casos, es posible que solo necesite modificar algunas cosas antes de enviar el producto para realizar más pruebas. Otras veces, es posible que deba desechar completamente su idea y comenzar de nuevo.

Cuando sucede lo segundo, esto se traduce en una pérdida de tiempo y dinero. Esto puede ser decepcionante para algunos nuevos dueños de negocios, especialmente para aquellos que habían tomado la decisión de usar la metodología Lean Startup con la finalidad de reducir completamente sus riesgos. Sin embargo, no deje que el miedo de perder un poco de dinero y tiempo lo aleje de este proceso. Claro, es posible que usted tenga que invertir en algunos costos iniciales, pero el método Lean Startup le garantizará que su producto se venderá porque usted sabrá exactamente lo que quiere el cliente.

Si bien, puede ser aterrador pensar en perder dinero mucho antes de vender un producto, piense que es mucho mejor. ¿Prefiere perder dinero en las etapas iniciales mientras desarrolla su producto o prefiere perder un montón de dinero más adelante cuando lleva el producto al mercado y nadie quiere comprarlo? Acepte el riesgo desde el principio y vea lo gratificante que puede ser Lean Startup para usted.

Paso 5: Pruebe su idea

Esta es una de las partes más críticas de todo el proceso de Lean Startup. Como vimos en el capítulo anterior, Lean Startup consiste en comenzar con productos básicos realmente pequeños y luego ajustar e incrementar su diseño a medida que pasa el tiempo. Es desde allí, que nos lanzamos hacia cambios significativos en un producto que están específicamente adaptados a lo que quieren los clientes.

Usted puede comenzar todo este proceso encontrando un grupo de prueba y luego preguntándoles qué les gusta y qué no les gusta de su producto. Esto se considera un trabajo reactivo y le permite obtener una buena idea del rendimiento de mercado de su producto mientras está en uso real, y además le permite evitar los altos costos de desarrollo y los riesgos potenciales de poner un producto final directamente en el mercado masivo.

En el siguiente capítulo, analizaremos algunas herramientas que usted puede utilizar para recibir comentarios reales sobre sus productos de parte de las personas que realmente los utilizan. Esto lo colocará en el asiento del conductor de la experiencia de su producto en el mercado, en lugar de verse obligado a conducir de forma pasiva. Esto también le permitirá a usted realizar cambios valiosos en su producto según los casos de uso real de personas reales.

Existen algunas formas diferentes de probar su producto, pero las más comunes son las pruebas gratuitas o los programas beta abiertos. Las pruebas son un paso importante que debe seguir al trabajar en su producto. Las empresas que no prueban su producto antes de tiempo a menudo tienen ventas muy mediocres. Esto se debe a que no incluyeron a los clientes en el proceso. Hicieron una suposición de su producto pensando que sería algo en lo que el cliente estaría interesado, pero no lo estaba, y en consecuencia el producto fracasó.

Lo más probable es que usted experimente diferentes variaciones de pruebas a medida que vaya mejorando su producto. Recuerde que cuando usted realiza la prueba, es mejor cambiar una cosa a la vez durante cada interacción. Si usted comienza a cambiar dos o más cosas a la vez, los mensajes que reciba pueden perderse y confundirse. Es posible que no sepa qué función le gusta al cliente y cuál le gustaría cambiar, y podría tener como resultado el fallo de su producto.

Sin embargo, puede haber algunos casos en los que necesite hacer un pivote completo para hacer feliz a su cliente. Esto significa que usted tendrá que cambiar la idea en la que está trabajando o cambiar la ruta que está siguiendo para complacer al cliente. Esto es perfectamente normal. Si bien puede ser difícil para los nuevos empresarios descartar todo su trabajo duro, si al cliente no parece gustarle su producto o empresa de la forma en que está concebido, sería una mala idea seguir en la misma dirección

La fase de prueba será muy importante para su negocio. Hablamos sobre ello un poco en las secciones anteriores, pero esta es la forma en que Lean Startup garantizará el éxito de su producto y realmente podrá ganar dinero.

Muchas startups fallan, y esto suele suceder porque trabajan en un producto y lo lanzan sin tener idea de cómo reaccionará el público. Con Lean Startup, usted prestará mucha atención a las pruebas, ya que esto hace que el cliente participe en el proceso y puede garantizar que tenga un producto que la gente realmente quiere comprar.

Lo que esto significa es que usted siempre debe probar su producto. Haga todas las pruebas que pueda y escuche la información que el cliente le está brindando. Esto hará que sea más fácil para usted aprender y le ayudará a realizar los cambios correctos para mejorar su producto y aumentar sus posibilidades de hacerlo bien desde el inicio.

Paso 6: Mida sus Resultados

Esto coincide con el último concepto. Usted tiene que medir lo que la gente realmente le está diciendo. Si ha lanzado un software, por ejemplo, aprenda de lo que dicen los clientes que quieren en el programa o dónde dicen que se queda corto. Si se trata de un prototipo de un bien físico, escuche lo que ellos piensan que debería cambiar.

Puede estandarizar esto de una forma u otra ingresando todas las respuestas en una hoja de cálculo y luego clasificándolas por palabra clave según cuál sea su preocupación. Esto le dará una idea sólida de qué cosas desean la mayoría de las personas. A continuación, usted puede enfocarse e implementar incrementalmente esto.

Usted puede obtener la información que necesita para medir los resultados de las pruebas que realiza. Una vez que haya realizado un cambio en el producto y se lo haya dado a un grupo de prueba de clientes, puede echar un vistazo a los comentarios que dejaron anteriormente. Esta es una información valiosa que debe utilizar.

Seguir los consejos de los clientes es la mejor manera de asegurarse de crear un producto que los clientes realmente querrán. Usted puede seguir el camino tradicional y hacer productos y esperar que les vaya bien en el mercado o puede usar la metodología de Lean Startup y medir los resultados de sus pruebas, para saber con certeza que el producto va a funcionar bien cuando se haga bajo la metodología Startup.

Paso 7: Trabaje adaptativamente

Usted debe trabajar en su producto y en su empresa de tal manera que pueda volver atrás y hacer diferencias significativas sin cambiar su visión general. Por ejemplo, ¿qué sucede si regresan muchas de las pruebas de sus usuarios y resulta que nadie quiere el producto que está fabricando? Por un lado, usted tiene suerte de haberlo descubierto antes de sacarlo en masa y tener que enfrentar una deuda masiva y un fracaso comercial. En realidad, esto lo coloca en una buena posición porque, por otra parte, aunque el rechazo apesta, le da la oportunidad de cambiar su idea y modificar su enfoque.

Este es uno de los beneficios de ser una pequeña Startup. Usted no tiene muchos gastos generales, departamentos o dinero invertido en lo que hace. Cuando usted vea que hay un cambio en el mercado y necesita adaptarse, puede hacerlo fácilmente. Como se dijo anteriormente, esta es una ventaja sobre las compañías más grandes con las que usted está compitiendo. Asegúrese de estar siempre escuchando a sus clientes, incluso una pequeña corrección o cambio a uno de sus productos podría ser suficiente para ayudarlo a proporcionar una mejor satisfacción.

Paso 8: Trabaje ligeramente

Asegúrese de que solo está produciendo pequeñas cantidades de sus productos a la vez. De nuevo, aquí es donde usted necesitará escuchar a sus clientes y seguir sus sugerencias. Si usted está trabajando con un pequeño nicho de mercado, es probable que no necesite producir un millón de unidades. Si lo hace, solo venderá una pequeña fracción de eso, desperdiciará energía, tiempo y dinero. Solo produzca la cantidad que necesita y en el momento en que la necesita.

Este es un error que cometen muchas empresas, ya sean grandes o pequeñas. Se emocionan con su producto. Quieren vender tanto como sea posible y obtener un gran beneficio. Pueden asumir que existe un gran mercado para su producto, así que piensan: ¿por qué no simplemente sacar tantos artículos como sea posible desde el principio? Incluso pueden ser capaces de fabricar una gran cantidad con un gran descuento creyendo que así aumentarán sus ganancias.

El problema aquí es que realmente usted no está escuchando a su cliente. Puede que usted esté emocionado por sacar su producto al mercado, y puede sentir que todos se van a enamorar de él y querrán uno propio, pero esto no siempre va a suceder. Usted nunca debe producir más de la cantidad que es probable que compren sus clientes. Si usted hace eso, terminará perdiendo ganancias.

Antes de que usted se vuelva loco con la producción excesiva de su producto, piénselo de esta manera. ¿Cuánto dinero perderá en la producción del producto, almacenando todo el extra, moviendo el producto, tanto las cosas que se venden como las que no lo hacen, y así sucesivamente? Estos costos pueden crecer rápidamente.

Con Lean Startup, usted debe aprender a producir solo una pequeña cantidad del producto que demandan sus clientes. Esto puede ayudarlo a ahorrar dinero y no desperdiciarlo en productos superfluos que nadie quiere comprar. Si usted se queda sin stock, simplemente produce más producto. Esto es más eficiente, especialmente cuando se trata de pérdidas.

Paso 9: Trabaje de manera innovadora

Una empresa exitosa llena un nicho o innova lo suficiente como para que su producto o método haga que los antiguos queden obsoletos. Asegúrese de que su inicio, desde el primer momento, tenga un aire de innovación y desarrollo progresivo al respecto. Es a través de este aire de innovación, así como mediante la fabricación de productos consistentemente sólidos, que se mantendrá en la cima del mercado.

Lean Startup es una excelente metodología que usted puede utilizar para producir productos nuevos y geniales que sus clientes realmente querrán comprar, no productos que simplemente terminarán en los estantes. Sin embargo, debe asegurarse de seguir los pasos correctamente. Si lo hace, estará seguro de ver resultados sorprendentes en términos de ventas y la cantidad de satisfacción del cliente que recibe.

Capítulo 6: Herramientas de Lean Startup

En este capítulo, cubriremos algunas herramientas diferentes que usted puede utilizar para ayudar a organizar su Lean Startup.

Lean Canvas

En el último capítulo, dejamos claro lo importante que es organizar realmente sus ideas sobre su negocio y crear un modelo empresarial sólido. Lean Canvas le permite crear un modelo de negocio simple y sencillo de una página que tenga el mismo valor que veinte páginas de un plan de negocios estándar. Usted puede hacer tantas como desee y compartirlas con tantas personas como sea necesario. Esta es una herramienta indispensable para los empresarios esperanzados. Es esencialmente una adaptación del modelo de negocio canvas, que es una plantilla popular que se utiliza para ayudar a las empresas a describirse fácilmente a sí mismas y definir su plan en sus primeras etapas formativas.

Google Apps

Este podría parecer obvio, pero las aplicaciones de Google tienen una serie de herramientas diferentes integradas que le permiten recopilar datos de usuario de manera fácil y efectiva en su experiencia general. Estos también pueden ayudarle a organizar internamente su empresa Lean Startup. No tenga miedo de comenzar con Google Apps. Usted estará contento de haberlo hecho.

User Testing

"User Testing" es un sitio web auto explicativo en el que puede hacer que usuarios reales prueben su producto. Esto le ayudará a generar ingresos, así como a obtener una visión instantánea de si su producto es altamente utilizable o no. Está dirigido más a empresas de Internet, pero tiene una gran variedad de casos de uso diferentes.

Si bien, esto no reemplazará las pruebas de usabilidad cara a cara, y no debe considerar su uso de esta manera, sigue siendo una buena herramienta para usar en las primeras etapas de desarrollo para ayudarlo a identificar cualquier problema de usabilidad con su producto. La red de evaluadores en este sitio, puede ayudarlo a probar cualquier cosa que desee, incluidos diseños planos, una aplicación web que desea iniciar o un prototipo de escenario.

Los evaluadores de este sitio están ahí para ayudarlo a revisar su producto, y le proporcionarán algunos comentarios de audio mientras hacen el trabajo. Usted puede escuchar lo que piensan sobre el producto, lo que no les gusta y algunos consejos que le pueden dar antes de que el producto salga a la luz.

Sin embargo, tenga en cuenta que no puede elegir a las personas que revisarán el artículo. Los comentarios provendrán de personas que estén disponibles para realizar las pruebas durante un tiempo determinado. Esto significa que, si bien los evaluadores pueden brindarle información valiosa, es posible que los resultados no siempre den una indicación exacta o cercana de lo que está pensando su público objetivo. Sin embargo, para obtener comentarios rápidos para ver si va en la dirección correcta, Usertesting.com es una excelente opción.

Proto.io

Si usted planea crear una aplicación para usuarios móviles, puede crear un prototipo del servicio que estará implementando para los usuarios sin tener que escribir ningún código y sin gastar un centavo o tiempo para el desarrollo de la aplicación. Este sitio proporcionará un prototipo que funciona en dispositivos móviles y en el que realmente puede tener una demostración de los usuarios y responderles a ellos.

Upwork

A veces, usted necesita externalizar el trabajo. Si se encuentra en ese tipo de situación, sería inteligente usar Upwork. Upwork le ayudará a encontrar un grupo de profesionales independientes a los que pueda subcontratar fácilmente el desarrollo de su sitio, su copy o cualquier otra cosa, sin pagar el precio de un salario regular.

Intercom

La aplicación Intercom le permite a todo su equipo mantenerse al día con todos los usuarios de su producto. Le brindará numerosos canales diferentes para mantenerse al día con ellos, como a través del correo electrónico y las redes sociales. Esto le permitirá a usted mantener sus grupos de prueba actualizados sobre interacciones y cambios importantes, así como mantenerse al día con sus usuarios después de que finalmente lance el producto.

Personapp

Esta es una buena herramienta para usar cuando intente averiguar si algunos cambios serán buenos para su producto. También, usted necesitará trabajar con clientes potenciales reales, pero esto puede ayudar cuando esté tratando de tomar algunas decisiones o cuando se encuentre en los primeros pasos antes de tener la oportunidad de trabajar con otros clientes.

Con Personapp, usted puede crear personas de usuario rápidas e informales que piensen como las personas para las que está diseñando. Después de probar algunas de las otras opciones, Personapp hará las cosas más fáciles. Usted puede elegir crear una variedad de personas para cada proyecto y luego exportar esta información para compartir e imprimir. Puede ser de gran ayuda, pero primero debe comprender quién es su cliente para que esto funcione correctamente.

Kiss Insights

Muchas empresas de Lean Startup desean poder escuchar lo que necesitan sus clientes para asegurarse de que estén contentos todo el tiempo. Sin embargo, hablar con cada cliente individual es difícil o casi imposible. Kiss Insights proporciona a sus clientes un método fácil de usar para que sepa lo que quieren y necesitan. Simplemente, usted puede hacerles algunas preguntas, y sus clientes podrán verlas desde la esquina inferior derecha del sitio. Incluso, usted puede agregar un pequeño espacio para que dejen algún comentario. El cliente tendrá la opción de responder o no a estas preguntas, pero los que sí lo hagan pueden proporcionarle información valiosa sobre sus productos. Asegúrese de mantener el cuestionario corto y amable. Dos o tres preguntas a lo sumo son suficientes, o el cliente nunca cumplirá y no contestará sus preguntas

WuFoo

Mientras usted trabaja en su sitio web, puede haber ocasiones en las que necesite crear algunos formularios. Este podría ser un formulario de contacto si su cliente necesita comunicarse con usted, o podría ser un formulario de pedido o algo más. Tradicionalmente, usted necesitaría contratar a un desarrollador para hacer esto, pero con WuFoo puede hacer el trabajo usted mismo.

WoFoo le facilita la creación de formularios que puede insertar en su sitio. Es posible que usted desee utilizarlo como una forma de obtener suscripciones por correo electrónico o para ver si hay algún interés en alguna de sus ideas de productos antes de seguir adelante y construirlo. También, tiene una interfaz que es muy fácil de usar, por lo que puede administrar fácilmente los formularios que crea y al mismo tiempo realizar un seguimiento de las conversiones y análisis en el camino.

Olark

Si usted está buscando una manera de incluir un chat en vivo para poder atender mejor a sus clientes, Olark es la compañía con la que usted debe trabajar. Les facilitará el acceso a sus clientes a través de su sitio web. Proporcionará un widget de chat en vivo simple y discreto en el que el cliente puede hacer clic en cualquier momento.

Balsamiq Mockups

Esta es una buena herramienta si usted desea crear esquemas que sean interactivos. El programa es bastante fácil de usar, e incluso aquellos que no se considerarían creativos encontrarán que este programa es realmente fácil de seleccionar.

Este es el software con el que usted debe trabajar si necesita encontrar una manera de visualizar las ideas de sus productos, sin utilizar mucha documentación en el camino. Usted no necesitará crear una especificación técnica. En su lugar, puede trabajar con un alámbrico de baja frecuencia de Balsamiq y hacer el trabajo igual de bien.

KISSmetrics

Este es un tipo de software analítico que usted puede utilizar con sus clientes. Desde el primer clic hasta la última conversión, esta herramienta puede facilitarle la identificación, el análisis y la optimización de la experiencia del usuario durante todo el ciclo de vida del cliente. Es fácil trabajar con él, y puede garantizar que usted entienda completamente lo que su cliente está experimentando cuando atraviesa y trabaja con su producto.

Silverback

Este es un excelente software que puede permitirle a usted ver lo que el cliente está haciendo cuando interactúa en línea con su producto, y puede ayudarlo a ver exactamente lo que está pensando en cada etapa. Silverback le permite grabar sus pruebas de usabilidad en vivo con la ayuda de una cámara web y micrófono incorporados, y puede ver o compartir estas pruebas cuando necesite la información.

Además de ayudarlo a grabar al probador o "tester", también grabará toda la actividad de la pantalla que se realiza mientras el usuario está probando el producto. Esto puede ayudarlo a saber qué sucede en cada etapa de la prueba. Además, esta herramienta es muy útil porque usted puede volverlo a ver si necesita escribir un informe sobre las sesiones de prueba de usabilidad. También, puede distribuirlos a otras personas de la compañía para mantener a todos en   sintonía.

Capítulo 7: La Metodología de Lean Startup

Las ideas de Lean Startup realmente han cambiado la forma en que las empresas hacen negocios. Sus métodos son valiosos, ya sea que se trate de una gran organización establecida o de una Startup, lo que también significa que es valioso sin importar qué tipo de producto esté vendiendo o qué tan grande o pequeño sea su negocio. Este capítulo analizará en detalle cómo la metodología de Lean Startup puede ayudarlo a innovar y a crear más valor para su cliente.

Producir, medir, aprender

Si alguna vez hubo una idea que, más que ninguna otra, haya logrado cambiar la manera en que se desarrolla la innovación hoy en día, es la idea de incorporar el método científico para ayudar a manejar cualquier incertidumbre que surja en los negocios. Como se mencionó anteriormente, usar el método científico significa que necesita definir su hipótesis; elija un producto o característica, genérelo a pequeña escala, úselo para probar la hipótesis y aprenda continuamente de los resultados.

Este parece ser un método simple de usar y ha mostrado un montón de excelentes resultados. Lo mejor de todo es que puede permitirle a una empresa apostar por más de una idea a la vez porque los riesgos son mucho más pequeños. Los hallazgos les permitirán determinar con qué ideas quiere avanzar y cuáles descartar. Es una opción mucho mejor que poner todas las apuestas en un producto o idea solo para ver si falla.

Este método es fácilmente aplicable a casi cualquier cosa relacionada con el negocio, no solo a los nuevos productos que está diseñando. Puede usarlo para: probar una idea de servicio al cliente, probar un proceso de revisión con la administración, probar el texto en su sitio web, ver las ofertas que le está dando a sus clientes y determinar si una nueva característica en un producto que ya está en el mercado es una buena idea.

La parte importante aquí es que usted podrá probar y validar la hipótesis que desea formular. Esto significa que usted necesitará tener los recursos necesarios para recopilar la cantidad de datos o métricas y medir los resultados. El objetivo de este método es descubrir la forma más eficiente de recorrer el proceso de compilación, medición y aprendizaje. Usted sabrá de inmediato si valdrá la pena pasar el tiempo en otro ciclo o si debe detenerse y continuar con otra de sus ideas. Esto significa que usted necesita tener una idea que sea muy específica antes de probarla y tener un número mínimo de elementos para medir. Cuando se trata de un producto, usted debe probar si sus clientes realmente lo quieren o lo necesitan.

Producto Mínimo Viable

El desarrollo de productos tradicionales implicará un arduo trabajo inicial para explicar claramente las especificaciones del producto, y esto también incluirá una cantidad significativa de tiempo y dinero que debe estar dispuesto a invertir. Lean Startup lo alienta a construir solo la versión más básica del producto que necesita para pasar por un solo ciclo de compilación, medición y aprendizaje.

La buena noticia es que no necesita escribir líneas de código para obtener un MVP. Podría ser algo tan simple como una presentación de diapositivas que describa el viaje del cliente o un conjunto de maquetas del diseño. Basta con que usted pueda probar la hipótesis que tiene que utilizar a sus clientes reales y gestionar la validación y la información suficiente para que pueda pasar por otro ciclo de aprendizaje.

Métrica de la Vanidad

Uno de los requisitos básicos cuando se trabaja en un Lean Startup es tener el conocimiento y la comprensión correcta del proceso al probar en una hipótesis. Encontrará que su negocio comenzará fácilmente a centrarse en las métricas de vanidad. Estas son métricas que le pueden dar la sensación de que está progresando en su trabajo cuando, en realidad, no le dicen nada de valor sobre su producto.

Hay muchas métricas de vanidad por ahí, y básicamente existen para hacer que un negocio se sienta bien. Si usted las escucha y basa sus decisiones comerciales en ellas, hará que sea difícil para usted llevar su negocio y sostenerlo en el futuro. Un ejemplo de una métrica de vanidad es la cantidad de "me gusta" que usted obtiene en Facebook.

Mientras escucha la información del cliente sobre su producto o sus revisiones y comentarios, es crucial que usted esté atento a estas métricas de vanidad. Estos tipos de métricas están diseñados para que se sienta bien y, a menudo, lo pueden llevar a pensar que está marcando una diferencia. Desafortunadamente, estos datos a menudo son incorrectos y no le darán información o le darán información falsa que lo llevará por el camino equivocado.

Como empresa en crecimiento, es su responsabilidad determinar qué métricas son las mejores para sus necesidades. Hay muchas métricas, pero solo algunas funcionarán bien para su tipo de negocio. Antes de elegir las métricas correctas para sus necesidades, es importante comprender algunas de las métricas de vanidad y cuáles son:

- *Vistas en su página:* Se refiere a cuántas páginas de su sitio web se le hace clic durante un período de tiempo específico. Esto puede incluir una semana, un mes, un año o más. A menudo, es un desperdicio trabajar con esto, a menos que usted tenga un negocio que dependa de las vistas de la página, como la publicidad. Es mejor trabajar con un visitante individualmente cada mes para ayudarlo a tomar decisiones.

- *Cuántos visitantes:* Sí, puede ser útil saber si alguien está visitando su sitio web. Luego, usted puede averiguar si su sitio web es fácil de encontrar o si es tan atractivo como lo desea. Sin embargo, a menudo la información en este número será demasiado amplia. Por ejemplo, cuando hablamos de la métrica para "cuántos visitantes", ¿estamos hablando de una persona que realmente ama este sitio web y lo visita cincuenta veces o estamos hablando de cincuenta personas que vienen al sitio una vez? Lo más probable es que usted quiera que el último escenario sea cierto, porque significa que usted causó una buena impresión, lo cual puede generar más ventas.

- *Número de seguidores, amigos y "me gusta":* Los sitios de redes sociales se están apoderando del mundo de los negocios, y parece que usted no puede tener éxito sin tener en cuenta tantos de ellos como sea posible. Pero usted debe tener cuidado con esta métrica de vanidad. Esta métrica le dará una falsa sensación de popularidad y no le dará ninguna información sobre el cliente. Una mejor métrica sería elegir el nivel de influencia que usted tiene sobre sus seguidores. ¿Cuántas personas harán lo que usted quiere que hagan? Sí, los "me gusta" y los seguidores en las redes sociales son agradables, y no hay nada de malo en que a alguien le guste su información, pero es mejor enfocar su atención en otras métricas.

- *Direcciones de correo electrónico:* Crear una lista de correo electrónico es una gran idea para una empresa. Sin embargo, usted debe asegurarse de que su lista esté llena de direcciones de correo electrónico útiles y de alta calidad. No le hace ningún bien tener una lista con miles de personas si la mayoría de ellos nunca responde a su información. Es mucho mejor tener una pequeña lista de correo electrónico con muchos seguidores activos que tendrán más probabilidades de comprarle.

- *Cuánto tiempo pasan en su sitio web:* Si usted trabaja en una empresa que recibe un pago por la cantidad de tiempo que alguien está involucrado en un sitio web, esta métrica es excelente. A la mayoría de las empresas, esta métrica no les dice mucho sobre el cliente. Claro, el cliente puede pasar mucho tiempo en el sitio web, pero ¿qué pasaría si se pasara la mayor parte del tiempo perdido y frustrado por no poder encontrar la información que buscaba? ¿Qué pasaría si se lo pasaran escribiendo una larga queja?

Estas métricas pueden parecer que son una excelente manera de ayudarlo a descubrir qué quieren sus clientes y aprender sus comportamientos de compra, pero a menudo solo lo llevan por un camino sin salida. Considere seguir métricas más importantes para que realmente pueda aprender algo de sus clientes.

El pivote

Usted encontrará que decidir pivotar en su proyecto puede ser uno de los aspectos más difíciles del método Lean Startup. Esto se debe a que muchos empresarios y fundadores están vinculados emocionalmente con sus productos y el dinero y la energía que han puesto en sus productos iniciales son enormes.

Problemas como las métricas de vanidad y no probar las hipótesis correctas, pueden hacer que sus equipos vayan por el camino del fracaso. Una hipótesis poco clara, podría hacerle sentir que el fracaso es poco probable porque simplemente no sabe más allá de la sombra de la duda, si el esfuerzo no está funcionando. Un pensamiento como "lanzarlo y ver qué pasa" siempre le dará un resultado positivo porque usted será capaz de ver lo que sucede cuando lo haga, y esto es lo realmente importante, pero tenga en cuenta que usted podrá ver algo que no sea lo que realmente quiere ver.

Es importante recordar que la necesidad de hacer un pivote no equivale a fallar. Solo significa que necesita apretar los dientes y abandonar la hipótesis fundamental con la que puede haber comenzado, a favor de otra cosa que podría funcionar mejor. El pivote también viene en variaciones que incluyen lo siguiente:

- *Pivote de acercamiento:* Esto es cuando una sola característica de su nuevo producto se convierte en todo el producto.
- *Pivote de alejamiento:* Esto es lo contrario de lo anterior. Esto es cuando todo el producto con el que comenzó, se convierte solo en una característica única de algún producto que será mucho más grande.
- *Pivote del segmento de clientes:* El producto está bien, pero el segmento original de los clientes no lo está. Es posible que deba cambiar la base de clientes a la que se anuncia, pero el producto seguirá siendo el mismo.
- *Pivote de necesidad del cliente:* Esto es cuando, a través del aprendizaje validado, queda claro que usted necesita trabajar para resolver un problema más importante para el cliente en lugar de trabajar en el original.
- *Pivote de la plataforma:* A menudo, la plataforma que tiene comenzará como una aplicación. Luego pasará por mucha popularidad y tendrá mucho éxito, por lo que crecerá y comenzará a convertirse en un ecosistema de plataforma.
- *Pivote de la arquitectura empresarial:* Aquí es donde se cambia de una idea con un margen alto y un volumen bajo a una con un margen bajo y un volumen alto.
- *Pivote de captura de valor:* La forma en que se captura el valor cambia fundamentalmente todo lo que sucede en su negocio.

Esto puede incluir algunas cosas como el producto, la estructura de costos y la estrategia de marketing.

- *El motor del pivote de crecimiento:* Las Startups normalmente seguirán uno de los modelos de crecimiento pagados, pegajosos o virales. Para acelerar su crecimiento, podría ser necesario cambiar de uno de estos modelos a otro.

- *Canal dinámico:* Con la evolución actual de Internet, se han creado muchas más opciones y canales para nuevas empresas, y los complejos canales de publicidad y ventas no son tan dominantes como antes. Una Startup tiene la ventaja de poder usar más opciones desde el principio.

- *Pivote tecnológico:* Una nueva tecnología puede ofrecerle beneficios sustanciales en rendimiento, eficiencia o costo, y puede permitirle mantener todo lo demás igual. Esto incluye mantener los canales, el segmento de clientes y la creación de valor de la misma manera.

Solo porque usted descubra que es hora de pivotar o dar un giro, no significa que algo haya salido mal con su producto. Podría significar que una idea menor que haya incorporado a su producto va a ser mejor que la original. Podría significar que un competidor le ganó a la idea y ya la está comercializando. También podría significar que el mercado está buscando algo diferente y que está en la mejor posición para brindárselo.

En lugar de ver este pivote como un signo de fracaso, considere verlo como un signo de una nueva oportunidad o un nuevo desafío. Claro, es posible que la idea original no esté funcionando de la manera que usted desea, pero piense en todas las otras cosas en las que podría trabajar, los productos únicos y geniales que usted lanzará al público ahora que ha alcanzado su punto de pivote. Tome toda la información que sus clientes proporcionaron durante sus pruebas y utilícela para crear algo que sea completamente nuevo y original. Un pivote es una excelente manera de hacer que su producto e idea sean mucho mejores de lo que eran antes.

Pequeños Lotes

Los pequeños lotes pueden explicarse mejor a través de una historia. Hubo un hombre que tuvo que insertar boletines en sobres, y reclutó a dos de sus hijos para que lo ayudaran a hacerlo. Los niños comenzaron sugiriendo un proceso en el que se doblan todos los boletines de noticias como primer paso, colocan sellos en el reverso de cada sobre como el siguiente paso, y luego terminan escribiendo la dirección. Básicamente, planeaban hacer cada tarea distinta una a la vez y no alternar entre las tres. Sin embargo, el hombre quería hacerlo de otra manera. Su idea era completar cada sobre antes de pasar al siguiente. Compitieron para ver qué método era el más rápido.

El método del padre fue el que llegó a la cima porque él había usado el enfoque conocido como flujo de una sola pieza, que a menudo se emplea en la fabricación Lean. Trabajar en la misma tarea repetidamente parece ser más eficiente porque se supone que nuestra velocidad y precisión mejorarán, ya que hacemos lo mismo una y otra vez. Pero el rendimiento individual no va a ser tan importante como el rendimiento del sistema en su conjunto. Habrá un tiempo perdido entre los lotes cuando primero tenga que volver a empaquetar todas las cartas y luego preparar todos los sobres. Cuando se consideran los tres pasos separados como un solo lote, puede mejorar su eficiencia.

Otro beneficio de trabajar en lotes pequeños es que usted puede reconocer un problema al verlo. Volviendo a la ilustración anterior, si usted elige completar cada tarea distinta de una sola vez solo para encontrar, después de plegar todas las cartas, que no caben dentro de los sobres, habrá perdido su tiempo y esfuerzo y necesitará empezar de nuevo. Sin embargo, si usted trabajó en un lote pequeño, podría detectar su error desde el principio y luego corregirlo antes de tener que hacer todo ese trabajo.

La idea del pequeño lote puede parecer un poco contradictoria para muchas personas. Pensamos que podemos hacer las cosas mucho más rápido si hacemos una tarea grande primero, y luego la segunda, y luego la tercera, y hasta que terminemos, pero esto puede ralentizarnos. Tenemos que volver a verificar las cosas, cometemos más errores y terminamos con un gran lío y una mente y un cuerpo cansados antes de que podamos completar una tarea por completo.

Piense en cómo se sentiría si usted estuviera trabajando en los sobres de arriba. Usted trabajó duro y dobló todos los papeles solo de ese modo, y luego intenta colocar el primero en el sobre y descubrió que no encajaba. Ya que usted dobló todos los papeles de la misma manera, ahora está atascado con todos estos papeles que no caben dentro de sus sobres. Ahora, usted debe volver atrás y arreglar cada uno. Si usted hiciera lotes pequeños, se habría dado cuenta de inmediato de que el papel no cabía en el sobre. Solo habría necesitado reajustar una cosa y luego asegurarse de haberlo hecho de la manera correcta para el siguiente lote.

The Andon Cord

El Andon Cord es una parte única de Lean Startup que puede implementar fácilmente en su empresa. El Andon Cord se utilizó por primera vez en la empresa Toyota. Permitió que cualquier empleado en la línea de producción pudiera detener el sistema si descubría un defecto. Toyota descubrió que cuanto más tiempo continúa el defecto a lo largo de la producción, más costoso se vuelve y más difícil será eliminarlo.

Cuando pudieron detectar un problema de inmediato, incluso si eso significaba que necesitaban detener toda la línea de producción para solucionarlo, se volvieron más eficientes. Esta es una de las razones principales por las que Toyota tiene niveles tan altos de calidad en sus productos.

La clave de Andon, es que va a detener el trabajo tan pronto como surja un problema de calidad, y el problema se investigará. Este es uno de los mayores descubrimientos del movimiento de manufactura esbelta. Se basa en la idea de que no se puede intercambiar calidad por tiempo.

Kanban

Nos referimos a Kanban anteriormente en el libro. En esta sección lo explicaremos con detalle.

Kanban tiene cuatro estados:

- *Backlog:* Estos son elementos que están listos para ser abordados pero que aún no se han utilizado.
- *En progreso:* Estos son elementos que están actualmente en desarrollo.
- *Construido:* Estos son proyectos terminados que están listos para ser probados por su cliente.
- *Validado:* Este es el estado del artículo cuando se ha lanzado al público después de haber sido validado positivamente por el cliente.

Una buena práctica es hacerlo de una forma en la que cada etapa tenga solo tres proyectos a la vez. Si usted ha creado un proyecto, no podrá moverlo a la etapa validada hasta que se haya asegurado de que hay espacio allí. Por lo tanto, si ya hay tres en la etapa validada, el otro proyecto tendrá que esperar más en la etapa anterior. Además, no puede comenzar a trabajar en un elemento de trabajo pendiente hasta que todos los proyectos en progreso hayan pasado a la siguiente etapa.

Los 5 Por Qués

La mayoría de los problemas técnicos con los que se encontrará al trabajar con Lean Startup tendrán una causa humana en la raíz. Trabajando con una técnica conocida como Five Whys o "5 Por Qués", fácilmente podrá acercarse a la raíz de esa causa. Es un proceso simple, pero es muy poderoso, ya que puede garantizar que descubrirá qué salió mal y cómo puede solucionarlo.

Los cinco por qués se ilustran de la siguiente manera:

1. Su compañía lanzó una nueva característica del producto, y terminó deshabilitando otra característica. ¿Por qué? Porque uno de sus servidores falló.

2. ¿Pero por qué ese servidor terminó fallando? Porque había un subsistema oscuro que sus empleados no usaban de la manera adecuada.

3. ¿Por qué no se usó este subsistema de la manera adecuada? El ingeniero que fue puesto a cargo de él y quien lo usa regularmente no sabe cómo usarlo correctamente.

4. ¿Por qué el ingeniero no sabía cómo usarlo correctamente? Porque no recibió la educación ni la capacitación adecuada para ello.

5. ¿Por qué no se entrenó adecuadamente al ingeniero? Porque su gerente no tuvo el tiempo ni la paciencia para capacitar a un nuevo ingeniero.

Usted puede pasar por este proceso y hacerlo tantas veces como sea necesario hasta que llegue a la causa raíz de cualquier problema que esté a la mano. Esta es una gran técnica que emplean muchas nuevas empresas porque les permite encontrar la velocidad óptima para realizar las mejoras necesarias.

Cuando usted se tome el tiempo para analizar las causas de sus problemas, será mejor que identifique si hay áreas importantes que necesitan su atención urgentemente. Esto puede evitar que siempre se centre solo en los problemas de la superficie, especialmente porque es fácil reaccionar exageradamente a las cosas mientras están sucediendo. "Los Cinco por qués" harán que sea más fácil para usted echar un vistazo más profundo al tema en cuestión. Trabajando con "Los Cinco por qués", usted podrá erradicar el mal proceso, no las personas. Es una excelente manera de llegar al corazón del problema y resolverlo sin tener que culpar a los empleados.

Trabajando con "Los Cinco por qués", usted puede encontrar cuál es la causa raíz de su problema. A menudo es tentador enfrentarse al primer problema con el que se encuentra, pero esto suele hacer que se pierda la causa más crítica que necesita una atención urgente. En el ejemplo anterior, si usted acaba de ir al tercer paso y encuentra que el subsistema no se usó correctamente, probablemente culparía al ingeniero por no saber cómo usar el subsistema. Esto podría resultar en una acción disciplinaria contra el ingeniero y lo más probable es que tenga como resultado la baja moral de los empleados porque no se les da una oportunidad justa. Sin embargo, si usted avanzara más en la cadena, vería que la razón por la que el ingeniero no sabía cómo ejecutar el subsistema es que uno de los gerentes superiores no se tomó el tiempo de capacitar al nuevo ingeniero. Usted necesitará asegurarse de que sus gerentes estén capacitando a los nuevos empleados de la manera adecuada o ayudarlos a obtener más ayuda en ese departamento porque podrían estar sobrecargados de trabajo.

"The Five Whys" o "Los 5 Por qués" están ahí para ayudarlo a encontrar la causa real del problema, y con frecuencia, las respuestas lo van a sorprender. Usted no debe dejar de hacer preguntas después de haber encontrado una causa probable. Siga avanzando hasta que no haya más "por qués" que responder. Si usted lo hace, le llevará a la solución que realmente puede ayudar al problema.

Algunas de las buenas prácticas que debe implementar al comenzar con "Los 5 Por qués" incluyen las siguientes:

• Confianza mutua y empoderamiento: usted no debe ser demasiado crítico con un error cuando ocurre la primera vez, pero asegúrese de que el mismo error no vuelva a ocurrir.

• Centrarse en el nivel del sistema: un sistema defectuoso generaría naturalmente muchos errores.

• Enfrentar verdades desagradables: hay ocasiones en que este método mostrará verdades desagradables sobre su compañía. El esfuerzo que usted ponga para solucionar estos problemas desde el principio puede hacer una gran diferencia.

• Comience poco a poco y sea lo más específico que pueda: usted debe hacer que estos procesos se arraiguen, así que comience con los problemas pequeños y aplique soluciones pequeñas. Puede concentrarse en ejecutar el proceso regularmente e involucrar a tantas personas como sea posible.

• Nombrar un maestro de "Los 5 Por qués": este será el agente principal que usará para el cambio, así que asegúrese de que él o ella tenga la cantidad de autoridad necesaria para hacer las cosas. El maestro será el responsable si los problemas persisten.

Es importante que todos en su equipo sepan cómo usar el método de "Los 5 Por qués". Esto asegurará que nunca se le eche la culpa innecesaria a nadie, al mismo tiempo que le ayudará a resolver el problema de raíz lo antes posible. Sin "Los 5 Por qués", usted no solo estaría tentado a trabajar con la primera solución más fácil, sino que también perdería la verdadera causa raíz, lo que provocaría más problemas a largo plazo. "Los 5 Por qués" es un método simple y puede ser efectivo sin tomar mucho tiempo. Además, ahorrará muchos desperdicios y evitará problemas en el futuro.

Capítulo 8: Pasos para hacer un Plan de Negocios Lean Startup

Comenzar una Lean Startup puede ser un momento emocionante. Usted estará listo para tomar esa idea y traerla al mundo y, con suerte, obtener algún beneficio de ella. Debe asegurarse de seguir todos los pasos correctamente. Nadie pasará por una enorme cantidad de trabajo e invertirá tanto tiempo y dinero si sabe desde el principio que la idea fracasará. Este capítulo hablará sobre los doce pasos básicos de una Lean Startup que lo ayudarán para su propio negocio.

Comenzando la idea de negocio

Muchas startups comienzan con mucha incertidumbre. Los principios que se han utilizado durante mucho tiempo para la gestión no son realmente adecuados para hacer frente a las incertidumbres actuales, y no fomentan la innovación. Comenzar un negocio en nuestra economía actual, requiere un plan de negocios Lean Startup que pueda abordar las incertidumbres que usted enfrentará como empresario.

Su plan de negocios lo ayudará a prepararse para manejar lo inesperado a través de un proceso de producción, medición y aprendizaje. Este proceso puede parecer redundante y aburrido para algunos, pero existe para ayudarlo a evitar algunos de los peligros comunes que enfrentan las startups.

Los avances en tecnología han mejorado nuestras capacidades para la producción, pero es común que las nuevas empresas se condenen a sí mismas al no emplear la disciplina o los enfoques científicos durante las etapas iniciales. Un plan de negocios Lean Startup aborda todas las áreas de su negocio desde su inicio y más allá. Esto incluye temas como la concepción y el desarrollo de su producto, la medición de su progreso y la estructuración del negocio.

Definiendo la visión

Ser capaz de cultivar el espíritu empresarial es una tarea crítica de la alta dirección. La alta dirección debe estar orientada a manejar entornos inciertos mientras se desarrolla el negocio, y la administración debe poder guiar un producto desde la etapa de la idea hasta la etapa de producción, sin importar lo que suceda.

Es durante la etapa de definición en su plan de negocios que usted desarrolla su visión. La estrategia que implementará será el resultado de esta visión, con el objetivo de promoverla. Esta parte del plan de negocios debe incluir diferentes elementos como la investigación del mercado en el que desea vender y una evaluación de la competencia. Recuerde que la estrategia que implementa al principio probablemente se modificará a medida que obtenga mediciones y aprenda de ellas, pero la visión siempre debe ser la misma.

Aprendizaje

La etapa de aprendizaje no se detendrá después de que haya desarrollado completamente su idea de negocio. También, usted debe aprender cómo hacer que esta idea de negocio funcione en el mundo real y cómo sacarla de la etapa conceptual y convertirla en un producto funcional. Usted debe comprender qué partes del plan de negocios son beneficiosas para sus objetivos y cuáles no. Esto también es importante cuando se trata de determinar si su compañía va a tener un buen desempeño o si va a fallar.

Su objetivo aquí es encontrar cualquiera de las verdades demostrables sobre su negocio para reducir las incertidumbres que encontrará en el mundo de los negocios. Estas verdades lo ayudarán a controlar su negocio y lo moverán hacia el futuro.

Esta es una gran oportunidad para que se tome un tiempo y aprenda más sobre su compañía. Si usted ha estado dirigiendo su empresa durante mucho tiempo, es posible que se haya encendido un poco el piloto automático. Es posible que no sepa todo lo que está sucediendo o que no esté al día con el hecho de que existen mejores formas de administrar el negocio que la que está haciendo ahora.

Por eso, usted debe tomarse el tiempo para aprender. Conozca cómo se está desempeñando el mercado en este momento, vea qué procesos están usando otras compañías, explore qué nuevos productos y servicios podría ofrecer, considere si también puede implementar nuevos procesos en su negocio y tómese el tiempo para aprender más sobre Lean Startup y cómo puede ayudar a su negocio.

Experimentando con la idea de negocio

Es imposible aprender algo si usted no se toma el tiempo para experimentar. Cuando se trata de Startups, la experimentación es más que lanzar ciegamente algunas ideas y esperar que funcionen. Cuando usted experimente en los negocios, esto implicará probar sus teorías en el mundo real. Las teorías que usted elija probar, provendrán de su visión y de lo que aprendió al respecto en la sección anterior.

También, usted puede tomarse el tiempo para probar varias partes de su plan de negocios con algunos de sus clientes reales con la finalidad de ver si las ideas van a funcionar o no. Este tipo de prueba es útil porque le proporcionará una gran información que luego se puede utilizar para tomar decisiones comerciales concretas. Esta información no es algo que pueda obtener sin hacer experimentos prácticos.

Ahora, el experimento puede concluir de dos maneras. Podría terminar confirmando sus creencias. Si esto sucede, usted puede seguir adelante con la idea con más certeza porque ya tiene una buena idea de cómo funciona el mercado y de lo que exige. Sin embargo, es posible que el experimento no produzca los resultados que usted desea. Esto puede significar que usted necesita cambiar su modelo de negocio y realizar ajustes basados en los nuevos datos que tiene. La clave aquí es que usted debe estar abierto a ambas conclusiones e incorporar objetivamente nuevos hallazgos en su plan de negocios.

De un salto de fe

Si usted desea seguir adelante con su plan de negocios, deberá dar un salto de fe. El objetivo de su experimento es asegurarse de que no está dando ese salto a ciegas. Habrá dos incógnitas importantes en el mundo de la innovación: si puede crear el producto en primer lugar y si hay clientes que lo querrán o no.

Para que su inicio sea exitoso, la respuesta a ambos debe ser sí. Todas las nuevas empresas que terminan con éxito podrían verse como productos de saltos de fe similares. No dar estos saltos a veces puede verse como prudente, pero otras veces, solo significa que se ha perdido una gran oportunidad de éxito.

Poniendo a prueba su idea

Este es el punto en el que actúa en el segundo salto de fe y donde usted asume que tendrá clientes para su producto. Aquí es donde intentará encontrarlos. Asegúrese de tener al menos una versión básica del producto para que lo prueben y luego evalúe sus reacciones. Usted necesitará un número limitado de personas para actuar como su mercado de prueba.

En esta etapa, si el producto no tiene éxito, aún no habrá desperdiciado demasiados recursos porque usted no produjo a escala completa. Incluso, usted puede dividir la prueba con diferentes versiones del producto para ayudarlo a obtener aún más comentarios.

Luego, puede evaluar los valores que los clientes asignaron a ciertas características según las diferencias en cada uno de sus grupos de prueba. Al poder satisfacer las demandas de esta pequeña sección del mercado, usted puede obtener una idea mucho mejor de lo que exigirá el mercado completo, preparándolo mejor para un lanzamiento exitoso.

Midiendo los resultados

Aquí es donde se miden los resultados que se obtienen de las pruebas anteriores. Usted debe contar con un método efectivo que lo ayude a analizar los datos que ha recopilado durante la fase de prueba. Averigüe qué les gustó a sus clientes sobre un producto, qué les gustaría cambiar, si lo comprarían si se realizaran estos cambios o si no les gustó el producto en absoluto. Contar con una buena métrica le facilitará saber cómo le fue a su producto en el pequeño mercado de pruebas.

Siempre tómese el tiempo para medir los resultados que obtiene. Las pruebas de las que hemos pasado tanto tiempo hablando en esta guía, no servirán de nada si usted no dedica tiempo a estudiar los resultados que obtiene de ellas. Si realiza las pruebas correctamente, recibirá comentarios, sugerencias y más de sus clientes que tuvieron la oportunidad de probar el producto.

Ahora, hay diferentes maneras en las que usted puede realizar la medición sobre el funcionamiento de las pruebas. Puede ofrecer una prueba gratuita para el producto a cambio de algunas revisiones del cliente. Puede hacer grupos de enfoque para escuchar lo que piensa el cliente cuando lleva el producto y lo usa. Dependiendo del producto que ofrezca, puede haber algunos otros métodos que usted puede usar para medir sus resultados y ver qué cambios necesita hacer.

Cómo y cuándo pivotar

Pivotar significa que usted necesita hacer algunos cambios en la estrategia que está utilizando. Sin embargo, eso no significa que tenga que cambiar la visión de su empresa. Si sus mediciones son negativas o si sus pruebas demuestran que nadie está dispuesto a comprar el producto, usted debe adaptar la visión para que pueda satisfacer mejor las necesidades de su mercado.

Para hacer esto, usted deberá tomar los datos de mediciones que ha adquirido y usarlos para crear un nuevo enfoque. Su negocio debe ser lo suficientemente ágil para manejar este gran cambio en los métodos en cualquier momento dado que sus métricas dictan que esto es necesario.

No todas las startups tendrán que pivotar con sus productos. Algunos pueden hacerlo bien haciendo ajustes y cambiando un poco el producto para hacer feliz al cliente. Sin embargo, hay ocasiones en que debe girar para hacer felices a sus clientes y asegurarse de que realmente saldrán y comprarán ese producto.

Para determinar cuándo debe ocurrir un pivote, usted debe escuchar realmente la información y los comentarios que recibe de sus clientes. El truco está en reconocer estos signos y estar dispuesto a cambiar su idea original. Si bien es probable que usted se haya encariñado con su producto debido al tiempo y el dinero que ha invertido en él, las opiniones de sus clientes siguen siendo primordiales.

Sin embargo, tenga en cuenta que, si bien debe hacer este pivote si es necesario, usted tampoco debe pivotar y hacer grandes cambios si un cambio pequeño servirá. Usted y su equipo deben analizar la información del cliente y decidir qué deben hacer después de cada prueba del producto.

Trabajando con pequeños lotes

Para un arranque más pequeño, la velocidad de producción será un factor importante. Si bien usted puede sentir que es contrario a la intuición, producir en lotes pequeños es el método más eficiente en comparación con producir en lotes grandes. Piense en su lote como un paso en la producción que debe completar antes de seguir adelante. Cuanto más grande sea el lote con el que trabaja, mayores serán los riesgos de demoras y más difícil será realizar las revisiones si es necesario.

Los lotes pequeños son mejores porque permiten que todo el proceso de producción, prueba y medición se realice mucho más rápido. Cuanto más rápido pueda producir, más rápido podrá descubrir cualquier problema y solucionarlo mientras utiliza sus recursos de manera eficiente. Los lotes pequeños ayudan a su inicio a manejar estos problemas de manera más eficiente y mucho más rápido que sus grandes competidores.

Crecimiento Sostenido

Por supuesto, cuando usted comience debe asegurarse de que su negocio va a crecer. Hay tres formas principales en que su Startup puede ver un crecimiento sostenido:

- El crecimiento ocurre debido al continuo retorno de los clientes que estaban satisfechos.
- De boca en boca de los clientes que utilizan sus productos.
- Publicidad y ventas realizadas por la empresa.

Con la primera opción de crecimiento, usted tiene que asegurarse de que los clientes nuevos superen el rendimiento de sus clientes satisfechos. El segundo tipo de crecimiento se puede considerar como un crecimiento viral. El punto clave que usted debe medir aquí es la cantidad de nuevos clientes que genera cada usuario del producto. Finalmente, con el tercer tipo de crecimiento, la pregunta importante es si el costo de sus esfuerzos promocionales excede el beneficio que está obteniendo. Los resultados que obtenga de estas medidas lo ayudarán a tomar buenas decisiones para garantizar que genere un buen crecimiento sostenible.

El crecimiento sostenido es crucial para cualquier empresa. Usted debe asegurarse de que su compañía no solo lo hará para esta primera versión del producto, sino que crecerá durante mucho tiempo después. Muchas empresas, tanto nuevas como tradicionales, intentan continuamente innovar, ofrecer nuevos productos a sus clientes y mantener su propio lugar en el mercado. Aprender cómo mantener su crecimiento y proporcionar valor a sus clientes en el futuro, no solo por hoy, puede ayudar a que los clientes regresen.

Adaptándonos a cualquier nueva circunstancia

Las cosas van a cambiar en su mercado elegido. No importa lo bien que planifique; habrá momentos en que el mercado se transforme o lance bolas curvas. Cuando esto ocurra, será esencial contar con algunos métodos para que pueda adaptarse.

Los emprendedores que tienen éxito comienzan agregando esto a su plan de negocios. La clave para adaptarse bien no es la previsión. No hay manera de que usted vea el futuro. Adaptarse es ser más flexible y estar dispuesto a abandonar lo que no funciona y reemplazarlo con algo que sí lo hace. Usted no solo debe estar preparado para imponer cambios fundamentales en su negocio, sino que también debe estar preparado para hacerlo rápidamente. Adaptarse a sus circunstancias cambiantes es un factor esencial que determinará si la Startup funciona bien o no.

El mundo de los negocios siempre está cambiando. Nadie puede hacer las mismas cosas que hicieron hace cincuenta años o más esperando no terminar con un montón de desperdicios o hundirse. Usted debe aprender a adaptarse a las circunstancias que ocurren en el mercado que lo rodea. Puede ser difícil, y muchas personas no quieren pasar por estos cambios, pero es necesario para que su negocio crezca y continúe obteniendo más ganancias.

Una cultura de innovación

La importancia de la innovación no es algo que se limite a las Startups. Será beneficioso para todos, incluidas las empresas grandes y establecidas. La buena noticia es que es posible crear una nueva cultura de innovación en cualquier organización, ya sea nuevo o haya estado en el negocio durante mucho tiempo. El fomento y el estímulo que puede provenir de una gerencia con una actitud empresarial, pueden ayudar a crear una cultura de innovación.

Para que su empresa mantenga esta cultura innovadora, la metodología contenida en su plan de negocios debe ser algo que adopte y mantenga a largo plazo. Tiene que ser su norma en lugar de algo que solo hace por un tiempo y lo deja. Si usted solo usa esto cuando el negocio se inicia, va a terminar fallando. Sin embargo, si usted lo hace parte de la cultura natural de su negocio y trabaja arduamente para que se mantenga a largo plazo, tendrá un impacto duradero en su Lean Startup

Capítulo 9: Pasos para pasar del concepto al producto con Lean Startup

Cuando se trata de crear un nuevo producto, hay algunos pasos que usted debe seguir para asegurarse de que está usando la metodología Lean Startup correctamente. Si usted puede seguir estos pasos, debe tener la tranquilidad de saber que su producto y su negocio tendrán éxito.

Aquí vamos a echar un vistazo a un programa de diseño de cinco pasos en el que usted puede trabajar para pasar de la etapa de concepción a la etapa de producto terminado. Solo hay cinco pasos porque el primero que llega al mercado es el que gana. Por lo tanto, cuanto más rápido pueda completar el ciclo de desarrollo del producto, mejor será la cuota de mercado que usted podrá obtener. Por supuesto, el producto todavía necesita despertar el interés del consumidor, o no lo van a comprar.

Dedique un paso en el proceso de diseño a uno de los cinco días hábiles. Los pasos que debe realizar en estos cinco días son los siguientes:

- Entender el problema
- Diseño colaborativo
- Diseño y prototipo
- Prueba y aprendizaje
- Repetir y refinar

Este método funciona porque usted reunirá a las personas adecuadas en el momento adecuado, y todos se esforzarán por marcar la diferencia. Durante este sprint, uno de los aspectos más críticos es que todos deben participar. Todos deben dedicar toda su atención y concentrarse en el proyecto en cuestión. Cuando esto suceda, se sorprenderá de los resultados.

Entender el problema

En su primer día, usted trabajará con su grupo más grande. El objetivo es profundizar en cualquier problema que esté tratando de resolver. Usted puede pasar el tiempo explorando a sus clientes actuales y el viaje por el que pasan y usar esta historia para descubrir sus puntos débiles más comunes.

Durante este tiempo, usted deberá comenzar de manera amplia y trabajar hacia abajo para encontrar las soluciones específicas que funcionarán. Usted tiene que asegurarse de tener un grupo grande para este día, y así tendrá muchas voces hablando y contribuyendo. Debe asegurarse de que termina su día con un acuerdo claro y un consenso sobre el problema y que tendrá la libertad de abordarlo durante el resto de los cinco días.

Usted debe saber cuál es el problema antes de continuar. Si solo está seleccionando al azar un producto en el que trabajar y no comprende realmente qué problema quiere solucionar, ya sea en su propia empresa o para el cliente, no llegará muy lejos. Usted necesita sentarse y elaborar una lista de los problemas a los que se enfrenta actualmente. Todas las empresas tendrán una lista, incluso las que lo están haciendo bien. Esto le será de gran ayuda.

Una vez que tenga una buena lista de las cosas que necesita arreglar dentro de su empresa, es hora de elegir la que es más importante. Claro, usted querrá revisar y solucionar todo en algún momento, pero ahora mismo, debe concentrarse en el principal. No puede diseñar un producto que los clientes disfrutarán y pagarán si no les ayuda a resolver un problema. Como grupo, todos deben sentarse y descubrir en qué problema deberían estar trabajando.

Diseño colaborativo

El siguiente paso es cuando usted trabaja en su diseño real. Usted debe pasar un tiempo aquí hablando sobre el viaje del usuario y cómo las diferentes funciones de ese viaje fluirán de un punto a otro. Luego podrá priorizar algunas de las características y armar un mapa de trabajo de cómo se verá su producto terminado.

Durante este día, debe trabajar con un grupo más pequeño que el anterior, con quizás menos de diez personas. Para una Startup, habrá diferentes áreas de la compañía que deberán estar representadas, como el nivel C, la línea frontal, el servicio al cliente, las ventas, el marketing, el desarrollo legal y el desarrollo de productos. Si usted está trabajando en una empresa, este día debe dedicarlo al diseño, el producto y la tecnología.

Diseño y prototipo

Durante este día, usted debe utilizar su tiempo para trabajar en la creación real de su producto. Usted debe terminar el día con un prototipo que esté en funcionamiento. Asegúrese de que el prototipo siga el mapa de diseño que hizo con anterioridad el cual debe haber sido previamente mejorado producto de la investigación.

Recuerde que no todo tiene que ser perfecto cuando trabaja en este prototipo. Usted debe crear un buen producto y necesita tener las partes correctas en su lugar para que el cliente pueda usarlo. No debe permitir que su producto se desmorone ni nada por el estilo, pero si no está a la altura de los estándares del mercado durante las primeras rondas, está bien.

Después de crear el prototipo, puede proporcionar la muestra a sus clientes y realizar algunas pruebas. Usted aprenderá mucho durante esta etapa, y es cuando puede comenzar a ajustarlo. No es necesario que tenga un producto ajustado y terminado antes de comenzar la prueba. Es probable que haya cosas que a los clientes no les gusten o no quieran que cambie. Cada vez que usted pase una y otra vez por estas pruebas, podrá ajustar y agregar las cosas que desee.

Pruebe y aprenda

Cuando usted tenga su prototipo listo, y en mano, puede dedicar este paso a trabajar en algunas investigaciones. La gente real es clave si usted quiere respuestas reales. Puede optar por conectarse y utilizar los recursos disponibles para probar y adivinar qué quieren los clientes, pero puede terminar con las respuestas incorrectas.

Es mucho mejor si obtiene las respuestas que necesita de personas reales. Claro, es posible probar el producto en un entorno de laboratorio, pero para saber realmente cómo el cliente usará el producto a diario y tener una buena idea de cómo responderá a él, debe asegurarse de que el producto está en manos de un usuario real.

Por lo tanto, durante este paso, usted debe salir al exterior con el prototipo, mostrar el producto y ver cómo a los posibles clientes les gusta el producto y cómo lo usarían a diario. Obtenga una amplia variedad de clientes que se ajusten a su público objetivo para ver los mejores resultados.

Repetir y Refinar

Una vez que usted haya realizado todos los pasos anteriores, tome la primera repetición y refínela. Usted debe realizar los cambios en función de lo que aprendió cuando probó el producto en el exterior. Es posible que deba pasar por este paso varias veces, tantas como sea necesario para obtener los resultados que está buscando o hasta que tenga el producto perfecto.

Nunca realice repeticiones o cambios en su producto sin antes probarlo con su base de clientes. Esta es una parte importante del proceso de Lean Startup. Usted debe recibir comentarios del cliente para saber qué cambios deben realizarse y si sus clientes responderán o no de la manera que usted desea. No importa qué cambios quiera implementar; usted necesita tener datos durante este proceso.

Reducir su Enfoque del Diseño

A medida que usted avanza por los cinco pasos enumerados anteriormente, es importante recordar siempre el objetivo que acompaña a la declaración del producto. Tenga en mente las cuatro preguntas a continuación para llevar la declaración del producto al frente y al centro en todo momento:

- ¿Qué problema está resolviendo para el cliente?

- ¿A quién está tratando de ayudar?

- ¿Cómo va a ayudar?

- ¿Qué es exactamente lo que ayudará a sus clientes a hacer?

Si usted puede mantener un enfoque estrecho en el proyecto mientras aún puede apelar al grupo principal de clientes, puede aumentar sus posibilidades de construir un producto terminado que pueda agregar mucho valor a sus clientes.

Capítulo 10: Dar más sentido a los Clientes

Hemos pasado algún tiempo en esta guía hablando sobre la importancia de sus clientes. Muchas Startup dedicarán su tiempo a desarrollar y crear un producto y luego lo pondrán en el mercado. Entonces, cuando este falla, no pueden saber qué salió mal. El mayor problema fue que no incluyó a su cliente en la mezcla.

Hay algunas pruebas que usted puede utilizar para comprender mejor a los clientes que tiene o al cliente potencial que espera tener con su inicio. Estos le ayudarán a diseñar productos y servicios que les interesen para aumentar sus ganancias. Algunas de las pruebas con las que puede trabajar incluyen las siguientes:

Segmentación

La primera prueba a considerar es la segmentación. El proceso de segmentación compara un conjunto de datos de su lista completa de clientes. Usted deberá elegir los datos demográficos con los que desea trabajar y luego hacer que el sistema divida a sus clientes, o a sus clientes potenciales, en cada uno. Podría dividirlos por edad, estilo de vida, género o ubicación. Si es una Startup, usted puede considerar consultar los datos de clientes que puede obtener del mercado al que planea ingresar.

Puede utilizar estos datos para obtener más información sobre los comportamientos de compra de sus clientes. Esto le puede dar una gran idea de qué tipo de productos les gustaría, qué cosas no les gustarán y qué debe agregar al producto para atraer mejor a los clientes.

Usted deberá dividir a su cliente potencial en un segmento de usuario para ayudarlo a convertir los datos en algo que sea procesable. Esta analítica puede hacer mucho para enseñarle sobre los clientes a los que desea llegar, pero cuando se reúne toda la información en conjunto, a veces es difícil sacar conclusiones que pueda usar. Muchos mercados son grandes, y esto puede presentarle muchísima información. Esto puede resultar confuso y, dado que la información es tan amplia, es fácil perderse patrones y datos importantes.

Aquí es donde el proceso de segmentación va a entrar en juego. Cuando usted aprenda a filtrar a la audiencia, podrá crear un plan para crear nuevos productos que sean los más útiles. Los análisis pueden proporcionarle la información que necesita, pero la segmentación puede ayudarlo a tomar medidas.

Con la segmentación, usted no solo debe observar los datos para obtener más información sobre sus usuarios; también tiene que obtener datos con los que pueda actuar. La segmentación puede ayudarle con esto. Usted puede dividir a las personas de su base de clientes y aprender cómo dirigirse a ellos mejor que nunca.

Recuerde que no todos los clientes van a ser iguales. Hay algunos que pueden comprar algo solo una vez, lo que significa que no son clientes habituales. Si bien aún es bueno comunicarse con ellos, usted debe saber quién es su audiencia habitual, a qué responden y qué los mantiene leales. Esto garantizará que continúe marchando hacia atrás y que usted pueda obtener la mayor cantidad de ganancias posible.

En este punto, es posible que se esté preguntando cómo debe crear un nuevo segmento de sus clientes potenciales. Hay muchas opciones diferentes que usted puede considerar para crear una segmentación. Sin embargo, antes de comenzar con esto, hay un proceso o pasos que usted debe seguir para crear el tipo correcto de segmentación.

Estos pasos incluyen lo siguiente:

- ¿Cuál es el propósito de su segmentación? ¿De qué manera quiere usar la segmentación? ¿Quiere usarla para conseguir más clientes? ¿Desea utilizarla para asegurarse de que está reduciendo el desperdicio en su empresa? ¿Desea poder comprender mejor a sus clientes para poder crear un producto que realmente quieren? Ser capaz de definir el propósito de esta segmentación puede hacer que sea mucho más fácil para usted averiguar cómo segmentar a los clientes.

- Identificar las variables que son las más importantes: Hay muchas formas en que puede segmentar a sus clientes. Usted debe decidir qué variables desea incluir en la segmentación para obtener los mejores resultados. Escriba esto en orden de importancia. Puede usar un Clustering o un árbol de decisión para ayudarlo.

- Una vez que haya enumerado sus variables, es hora de identificar la granularidad y el umbral para crear estos nuevos segmentos. Usted debe asegurarse de que haya dos o tres niveles debajo de cada variable. Por supuesto, usted puede terminar con más de esto si el problema es más complejo.

- Asignar clientes a cada una de las celdas: Esto le dará una buena idea de si existe o no una distribución justa para sus clientes potenciales. Si no ve que la distribución es justa, es posible que deba ajustar un poco sus umbrales para que funcionen. Continúe con estos pasos nuevamente hasta obtener una distribución justa.

- Una vez que haya terminado aquí, incluya la nueva segmentación que tiene en el análisis que está haciendo.

Tómese un tiempo desde aquí para analizarlo a nivel de segmento.

Análisis de cohorte

Un análisis de cohorte es una excelente prueba porque usted puede comparar sus sitios de datos dentro de un período de tiempo. Con esta prueba, habrá algunas diferencias en el comportamiento entre las veces que sus clientes hicieron una compra. Verá que los clientes que ingresaron durante la prueba gratuita serán diferentes en comparación con los que aparecieron cuando colocaron el producto por primera vez en el mercado. Estos dos grupos también son diferentes de los clientes que están en la etapa de pago total.

Es importante reconocer cuál de sus clientes potenciales se incluirá en cada uno de estos marcos temporales. Esto se debe a que cuando los analiza, es más fácil ver cuáles regresarán y seguirán siendo clientes completos. Hay quienes probarán un producto solo porque es gratis, pero como no invirtieron en él, no es probable que regresen más tarde y realicen una compra. Los que llegaron cuando se lanzó el producto por primera vez, o los que llegaron después, cuando se inició la etapa de pago total, fueron los que invirtieron algo; es más probable que vuelvan y hagan una compra más adelante.

Al principio usted debe aprender a reconocer qué clientes volverán y cuáles están ahí para probarlo. Esto no significa que los clientes del primer grupo no sean importantes. De hecho, estos son los clientes exactos con los que usted necesita trabajar para aprender más sobre su producto y realizar sus fases de prueba. Sin embargo, usted debe aprender a trabajar con los clientes que realizarán compras y que también volverán más de una vez para ayudar a que su nueva empresa crezca.

Pruebas A/B

La prueba A/B es una excelente prueba, especialmente cuando aún usted está en la parte de prueba de su nuevo producto. Esto le permite examinar un atributo entre dos opciones. Digamos que usted está creando un nuevo producto, pero no está seguro de qué función desea agregar. Le gustan los dos, pero le gustaría saber cuál prefieren los clientes. Aquí es cuando traería la prueba A/B para ayudarlo.

Usted presentará un producto al cliente, pero hay un atributo para cada versión del producto que es diferente. Por ejemplo, el Producto A puede ser de color azul y el Producto B puede ser rojo. Luego, presentará ambos productos a los clientes y verá a cuál respondieron mejor.

Usted puede hacer un análisis multivariado, pero esto es un poco diferente y puede causar algunos problemas con su prueba. Usted puede descubrir que a los clientes les gustan ambos y quieren uno de cada uno. También, puede estar confundido acerca de qué cambio o característica les gusta más. Si hace esto, asegúrese de probar varios cambios contra otro grupo de cambios.

Hay algunas cosas que usted debe asegurarse de que estén disponibles para ayudarlo con una de estas pruebas A/B. Las cosas que recordar son las siguientes:

- Sepa con anticipación lo que está haciendo cuando ejecuta la prueba A/B. ¿Qué está intentando probar y qué cambios va a tener entre los dos productos?
- Los cambios o características que está probando con sus clientes deben ser notables. Si realiza un cambio menor o tan pequeño que el cliente ni siquiera puede notarlo, no obtendrá los resultados fiables que desea.
- Es mejor si puede elegir una sola variable para trabajar a la vez. Usted puede elegir realizar pruebas multivariables, pero puede tener problemas para descubrir exactamente qué es lo que a su cliente le gusta o le disgusta del producto.
- Su prueba debe tener algún tipo de significación estadística. Esto significa que debe seleccionar un tamaño de muestra que sea lo suficientemente grande. Esto le ayudará a saber que los resultados son válidos con poco margen de error.

Capítulo 11: Consejos para ayudarle a ejecutar su Lean Startup

La filosofía de Lean Startup ha ganado mucha popularidad en la industria global de startups. Este es un excelente método, ya que ayudará a las nuevas empresas a acortar sus ciclos para el desarrollo de productos, al tiempo que asignan tiempo, esfuerzo y dinero de la manera más efectiva posible. Sin embargo, comenzar con Lean Startup requiere tiempo y conocimiento para hacerlo con éxito. Echemos un vistazo a algunos de los mejores consejos que usted puede seguir para aprender cómo ejecutar correctamente su Lean Startup, cómo resolver algunos de los mayores problemas que pueden surgir y cómo garantizar que seguirá en el camino hacia el éxito con esta metodología.

Hacer todas las suposiciones explícitas

Todos en su equipo deben estar en la misma página. Necesitan saber cuáles son los objetivos de la Startup, quiénes son los clientes y cuál es el modelo de negocio. Si la gente está se siente perdida en ese punto, ¿cómo se supone que debe ejecutar una Lean Startup eficiente? Usted puede asegurarse de que todos estén en la misma página haciendo que completen un modelo de negocio Canva y luego comparen sus resultados con los suyos.

Hable con sus usuarios

Una vez que usted se haya asegurado de que todos los integrantes de su equipo tengan las mismas suposiciones y de que tengan claros todos los aspectos del negocio, es hora de probar estas suposiciones para ver cómo funcionan. Usted puede pasar tiempo fuera de la oficina para hacer esto, ya que es donde estarán la mayoría de sus clientes. Hable con sus clientes sobre cualquier problema que tengan y cómo puede estar allí para ayudarlos a resolverlos. Tomarse el tiempo para probar sus suposiciones con sus usuarios realmente puede ayudarlo a comprender el valor que necesita para que sus productos aporten a los clientes.

Construye el MVP

Una vez que usted tenga la oportunidad de hablar con algunos clientes potenciales y descubra qué es lo que más quieren o necesitan, es hora de centrarse en el MVP que creará. Si recuerda bien, esta es la versión más básica del producto. Más adelante se agregarán características o mejoras a este producto en función de los comentarios que reciba del cliente, pero usted debe tener al menos los conceptos básicos en este punto.

Luego, puede enviar el MVP a sus clientes y preguntar si están dispuestos a proporcionar comentarios para que pueda comprender más sobre las características del producto que debe crear, mejorar o eliminar por completo. Esta es una información valiosa que lo ayudará a continuar desarrollando el producto y preparándolo para que se venda.

Acepte que el fracaso puede y va a suceder

Como Startup, usted tiene que aprender a aceptar el fracaso, porque pronto descubrirá que la mayoría de sus experimentos van a fallar. Si usted no tiene una piel gruesa para poder manejar esto, va a tener problemas en esta industria. En lugar de ver el fracaso de la manera tradicional, aprenda a verlo como un resultado esperado. Usted fallará, probablemente un par de veces con cada experimento que realice, pero puede aprender de él. Si puede aprender de ese fracaso, básicamente se convertirá en un éxito en el mundo de los negocios.

Planifique las reuniones perseverantes y dinámicas antes de tiempo

Usted debe pasar algún tiempo reuniéndose con otros miembros del equipo. Esto lo ayudará a seguir observando los datos que recopila y analizará cómo se está desarrollando la puesta en marcha en un momento dado. Usted debe programar esta reunión al menos dos veces al mes. Estas reuniones no tienen que durar mucho tiempo, pero pueden ayudarlo a garantizar que todo el equipo esté del mismo lado y que estén trabajando para alcanzar los mismos objetivos para ayudar a la compañía. Con estas reuniones, usted puede tomar decisiones sobre las próximas acciones de su empresa en el momento.

Siempre mire los datos

No importa cuáles sean sus suposiciones. No importa lo mucho que ame un producto o las ganas desesperadas que tenga de lanzarlo directamente al mercado. No importa lo que otros le digan. En lo que realmente usted necesita concentrarse cuando trabaje con la metodología Lean Startup es en los datos. Los datos serán el alma de cualquier Startup. Siempre debe hacerse la pregunta "¿cómo mido el éxito?" ¿Decido utilizar datos cuantitativos o datos cualitativos? A menudo, esto depende del tipo de mercado que intente alcanzar y de qué métricas decida que son las más importantes. Recuerde que no debe simplemente mirar a ciegas los datos que tiene. Tómese el tiempo para decidir qué métricas desea usar para medir lo que sucedió con el experimento.

Siga preguntando por qué

Si usted tiene un hijo pequeño, lo más probable es que esté acostumbrado a escuchar la pregunta "¿por qué?" todo el tiempo.

Los niños siempre quieren saber por qué algo se comporta como lo hace, e incluso después de que usted haya respondido la pregunta cincuenta veces, seguirán preguntando por qué. Cuando se trata de usar el método Lean Startup, debe volver a la infancia y siempre preguntar por qué. Una de las cosas más importantes que debe conocer sobre sus experimentos es la razón detrás del comportamiento del cliente. El método de los "Cinco por qués" analizado en este libro lo ayudará a hacer esto.

Pregúntese qué debe aprender hoy para ayudarlo a tener éxito mañana

Cada mañana, cuando llegue a la oficina, establezca algunos objetivos de aprendizaje en los que desea trabajar durante el día. Usted debe recordarse siempre que esta puesta en marcha es un experimento, sin importar en qué etapa se encuentre. Esta es una etapa en la que aún está pensando qué funcionará y qué no funcionaría para su negocio.

Centrarse en la adquisición desde el principio

Usted aprenderá rápidamente que la competencia a la que se enfrentará con su Startup va a ser enorme. Solo hay un número determinado de usuarios en cada mercado, y todas las demás empresas en ese mercado, desde las grandes empresas tradicionales hasta muchas otras nuevas empresas, están compitiendo para obtener los mismos usuarios y utilizar los mismos canales para adquirir estos clientes.

Como una Startup, usted puede encontrar que es difícil construir canales de adquisición que sean escalables y efectivos. Sin embargo, si no configura estos canales, será muy difícil realizar ventas y llegar a los clientes que desea. Esta es la razón por la que usted debe enfocarse en desarrollar estos canales lo más temprano posible. Entonces, cuando esté listo para vender el producto, tendrá algunos buenos y rentables listos para usar.

Comenzar con el método Lean Startup es una de las mejores cosas que usted puede hacer para un nuevo negocio. Si usted pone en práctica los consejos mencionados anteriormente, es más probable que le vaya bien con Lean Startup y que funcione para usted.

www.ingramcontent.com/pod-product-compliance
Lightning Source LLC
LaVergne TN
LVHW092343060326
832902LV00008B/783